2021年

中国外语教材发展报告

《中国外语教材发展报告》编写组 著

外语教学与研究出版社
FOREIGN LANGUAGE TEACHING AND RESEARCH PRESS
北京 BEIJING

图书在版编目（CIP）数据

2021 年中国外语教材发展报告／《中国外语教材发展报告》编写组著 . —— 北京：外语教学与研究出版社，2022.4
 ISBN 978-7-5213-3518-7

Ⅰ . ①2… Ⅱ . ①中… Ⅲ . ①外语－教材－研究报告－中国－ 2021 Ⅳ . ①H3

中国版本图书馆 CIP 数据核字 (2022) 第 059419 号

出 版 人　王　芳
责任编辑　毕　争
责任校对　解碧琰
封面设计　郭　莹
出版发行　外语教学与研究出版社
社　　址　北京市西三环北路 19 号（100089）
网　　址　http://www.fltrp.com
印　　刷　北京九州迅驰传媒文化有限公司
开　　本　650×980　1/16
印　　张　9.25
版　　次　2022 年 5 月第 1 版　2022 年 5 月第 1 次印刷
书　　号　ISBN 978-7-5213-3518-7
定　　价　37.90 元

购书咨询：(010) 88819926　电子邮箱：club@fltrp.com
外研书店：https://waiyants.tmall.com
凡印刷、装订质量问题，请联系我社印制部
联系电话：(010) 61207896　电子邮箱：zhijian@fltrp.com
凡侵权、盗版书籍线索，请联系我社法律事务部
举报电话：(010) 88817519　电子邮箱：banquan@fltrp.com
物料号：335180001

前　言

　　教材是教育教学的基本依据，是解决培养什么人、怎样培养人、为谁培养人这一根本问题的重要载体，其质量直接影响人才培养质量，关系国家和民族的根本利益和长远发展。外语教材贯穿全学段，覆盖多语种，涉及学生人数多。同时，外语教材又具有特殊性，处于意识形态和人文交流的前沿阵地，与坚定"四个自信"以及培养社会主义核心价值观、国际视野和家国情怀息息相关，肩负讲好中国故事、传播好中国声音，向世界展现真实、立体、全面的中国的时代重任。在世界经历百年未有之大变局、我国外语教育全面深化改革的新时期，外语教材亟待探索如何落实党和国家对教育的新要求，服务高校课程教学改革和人才培养，体现人类文化知识积累和创新成果，充分发挥外语教材对外语教育改革创新的促进作用。

　　在这一时代背景下，北京外国语大学中国外语教材研究中心策划编写"中国外语教材发展年度报告"系列丛书，旨在对我国外语教材建设与研究情况进行阶段性总结梳理，对外语教材建设与研究的趋势、问题与举措进行回顾与反思。由于我国外语教材种类繁多、内容丰富、形态创新，本报告将按年度对外语教材建设与研究的宏观形势、突出特点和主要成就进行整理分析，以及时探析经验与不足，启迪未来发展。

　　《2021年中国外语教材发展报告》共七章。第一章概述2021年我国外语教材发展的宏观形势、突出特点和主要成就，并展望未来发展方向。第二章到第六章分别阐述中小学、职业院校、高等学校外语教材及国际中文教材建设。每章主要内容包括相关政策、教材出版概况、教材使用案例和教师培训情况。第七章综述外语教材研究相关期刊发文、科研项目与学术会议情况，分析研究趋势和热点。全书编写框架体现教材编写、使用、研究一体化的教材建设理念，力求促进优质教材建设与应用，推动教材建设在理论与实践互动中创新发展。

"中国外语教材发展年度报告"系列丛书是北京外国语大学中国外语教材研究中心的重要研究成果，也是中心承担学术使命和社会责任，发挥引领、指导与服务功能的重要体现。我们期待能够通过报告强化坚持正确的教材建设方向、提高教材建设质量、加强教材建设研究，进而推动我国外语教育教学改革创新与发展。本系列丛书既可以为外语教材相关政策制定提供信息，为外语教材研究提供参考，也可以为外语教材的编写和出版提供借鉴。

《中国外语教材发展报告》编写组

2022年3月

目　录

第一章 总述

　　2021年是党和国家历史上具有里程碑意义的一年。中国共产党迎来百年华诞,"两个一百年"历史交汇,"十四五"规划开始实施,全面建设社会主义现代化国家踏上新征程。这一年,教育领域在回顾百年历程、总结重大成就和历史经验的同时,也为"十四五"时期教育高质量发展统筹规划、全面布局。2021年1月,全国教育工作会议召开。中国教育站在新的历史起点,多项教育举措出台或落地实施。每一项改革创新,都为贯彻教育新发展理念、构建教育新发展格局、推动教育高质量发展提供了新思路,也为我国外语教育发展提供了新方向和新机遇。

　　2021年9月25日,在北京外国语大学80周年校庆之际,习近平总书记给北外的老教授们回信,指出"深化中外交流,增进各国人民友谊,推动构建人类命运共同体,讲好中国故事,需要大批外语人才,外语院校大有可为。希望你们继续发挥传帮带作用,推动北外传承红色基因,提高育人水平,努力培养更多有家国情怀,有全球视野,有专业本领的复合型人才,在推动中国更好走向世界,世界更好了解中国上作出新的贡献"。习近平总书记重要回信体现了外语教育在国家发展与国际传播进程中的重要地位,也为世界百年未有之大变局下的外语教育发展提出了新期望和新命题。

　　我国外语教育领域积极响应国家号召,深入推进改革创新,在外语教育改革与教材建设方面持续探索，取得显著成效。在基础教育领域，新课标指导下的外语课程教学改革不断深入，外语教材立德树人目标更加凸显，多语种教材体系更加完善，立体化、均衡性外语教育资源更加丰富；在职业教育领域，《高等职业教育专科英语课程标准（2021年版）》正式发布，为外语教材面向职业教育高质量发展、服务课程体系建设、培养学生核心素养提供了重要依据；在高等教育领域，《习近平谈治国理政》多语种版本进高校进教材进课堂试点工作深入推进，外语教材积极探索如何深化课程思政、助力国际传播、服务人才强国，以及如何与信息技术深度融合，推动新理念、新形态教材建设。

自北京外国语大学中国外语教材研究中心2021年4月发布《2020年中国外语教材发展报告》以来，该报告就受到外语教育领域及社会各界广泛关注。为贯彻落实党和国家有关教材工作的重要精神，及时总结我国外语教材发展成就，充分展现我国外语教材建设的新趋势与新变化，中心将持续推出外语教材发展年度报告。以下将从宏观形势、突出特点、主要成就等方面对2021年我国外语教材建设工作进行分析整理，以期促进交流探讨，启迪未来发展。

1.1　2021年我国外语教材发展的宏观形势

2021年是我国"十四五"规划开局之年，也是全面建成小康社会、开启全面建设社会主义现代化国家新征程的关键之年。中国推动世界文明互鉴、构建人类命运共同体的信念，以及坚持高水平开放、增强我国国际传播能力的决心，为外语教材建设提供了新的历史机遇。但与此同时，面对国际环境日趋复杂、新冠肺炎疫情影响持续的挑战，以及教育改革政策落地实施等新形势，外语教材也亟待准确识变和积极应变，担当新使命，构建新格局，探索新路径。

我国加强国际传播能力建设。2021年5月31日，习近平总书记在主持中共中央政治局第三十次集体学习时强调，要深刻认识新形势下加强和改进国际传播工作的重要性和必要性，下大气力加强国际传播能力建设，形成同我国综合国力和国际地位相匹配的国际话语权，为我国改革发展稳定营造有利外部舆论环境，为推动构建人类命运共同体作出积极贡献。随着世界百年未有之大变局加速演进，面对各国疫情危机未散、经济贸易摩擦、意识形态分歧等复杂局面，推动国际开放合作、互利共赢，共同构建人类命运共同体，是后疫情时代中国作为负责任大国的努力方向。在这一时代背景下，构建新型对外传播体系，提升我国对外传播能力，有效传递中国声音和中国方案，具有重要意义。这既突出了外语在服务国家战略需求中的重要作用，也对我国外语教材建设提出了新的要求。

我国全面建设高质量教育体系。2021年3月，国务院发布《中华人民共和国国民经济和社会发展第十四个五年规划和2035年远景目标纲要》，提出建设高质量教育体系。在"十四五"规划开局之年，为推动各领域教育改革，建设高质量育人体系，发展公平而有质量的教育，国家多项重大教育政策落地实施。这其中包括系统推进"双减"工作，减轻义务教育阶段学生过重作业负担和校外培训负担，发挥学校主阵地作用，提高教学质量、作业管理水平和课后服务水平；全面建设现代职业教育体系，突出类型特色，推进产教融合，建设职业本科，发挥职业教育在培养多样化人才、传承技术技能、促进就业创业中的重要作用；大力推动高等教育创新人才培养，通过推动"四新"建设、加强"双一流"成效评价、鼓励学科交叉融合等举措，加快培养紧缺人才，建设世界重要人才中心和创新高地。每一领域的重大政策都对外语教材建设产生了深远影响。

信息技术发展推动教育形态变革。《中国教育现代化2035》将加快信息化时代教育变革作为战略任务之一，强调利用现代技术推动人才培养模式改革，实现规模化教育与个性化培养的有机结合。而疫情防控常态化进一步推动了在线教育的发展。联合国教科文组织2020年的统计数据显示，全世界177个国家超过12亿大中小学生停课，约占世界学生总数的72.4%。在中国，居家学习的学生大约有2亿(雷朝滋 2020)[1]。我国高校共有108.45万名教师开出1,719.68万门次在线课程，35.37亿人次学生参加在线学习(吴岩 2021a)[2]。截至2021年10月底，我国上线慕课数量超过4.75万门，选课人次达7.55亿(吴岩 2021b)[3]。疫情期间，学校教育信息化硬件设施和软件资源得到扩充，各类云平台大大丰富了线上教学场景，数字教材、课程资源快速积累，师生信息素养得到提升，为教育信息化与学科深度融合打下了基础。这也推动了外语教材的数字转型、智能升级和融合创新。

我国教材建设规划统筹推进落实。2021年是《全国大中小学教材建设规划（2019—2022年)》(以下简称"《规划》")及四个教材管理办法全面推进落实的一年。国家教材委员会在推动和指导政策落实的同时，发布《习近平新时代中国特色社会主义思想进课程教材指南》《"党的领导"相关内容进大中小学课程教材指南》等系列重大主题教育指南和纲要，进一步提升用习近平新时代中国特色社会主义思想铸魂育人的实际效果。全国各省市贯彻落实全国教材工作会议精神，相继发布本地教材管理办法，建立教材信息管理平台，加强教材审查与监管工作；各院校与出版单位通过设立机构、完善制度、组织培训等方式，加强教材规划、编写、选用与审核管理，严把教材的政治关和内容关，注重在教材中实现知识传授、能力培养与价值塑造的统一，通过教材落实立德树人，实现教材育人。

---

[1] 雷朝滋.疫情催生教育新形态[N].《光明日报》，2020-7-14.

[2] 吴岩.抓好教学"新基建" 培养高质量外语人才[J].《外语教育研究前沿》，2021a(2): 3-6.

[3] 吴岩.抓好新基建 迈向高质量——大力推动慕课与在线教学创新发展[R].2021年11月27日在第三届全国慕课教育创新大会暨高校在线开放课程联盟联席会2021年会的主旨报告.

1.2　2021年我国外语教材发展的突出特点

面对国内外环境的新变化、我国教育发展的新阶段、新科技和产业革命的新浪潮，我国外语教育正面临深刻的时代变革(蒋洪新、杨安 2021)[1]。2021年，在国家高度重视与政策引导下，在全国外语教育工作者的不懈探索下，我国外语教材建设工作务实推进、创新求变，体现出以下突出特点。

回顾历程，坚定教材初心。在建党百年之际，外语教育工作者从不同视角回顾我国外语教育的发展历程。中国共产党领导下的外语教育为国家富强和现代化建设作出了突出贡献，在中华民族伟大复兴的历史征途中始终与国家和民族的命运紧密相连(王定华、杨丹 2021)[2]。这一历程也是外语教材根据国家发展和社会需要不断探索求变的历程。从早期俄文讲习班的自编教材，到50年代基于大纲的第一套俄语教材出版，到80年代多套英语教材相继推出，再到进入新世纪以来各语种教材蓬勃发展，外语教材始终服务党和国家事业，为不同历史时期的人才培养作出重要贡献(文秋芳、常小玲 2021)[3]。回顾我国外语教育的发展历程与辉煌成就，梳理我国外语教材的理念演进与实践探索，记述一代代外语教材编写者的学养积淀与家国情怀，这能够激励我们牢记教材建设为党育人、为国育才的初心，推动外语教材在新时期担当新使命，作出新贡献。

系统规划，落实国家事权。为全面落实教材建设国家事权，充分发挥教材育人功能，教育部、国家教材委员会通过多项举措加强对教材工作的规划引导，这为外语教材建设提供了新依据和新遵循。在政策指导上，先后印发《革命传统进中小学课程教材指南》《中华优秀传统文化进中小学课程教材指南》《习近平新时代中国特色社会主义思想进课程教材指南》

---

[1]　蒋洪新、杨安 . "三新"背景下外语教育发展的新思考 [J].《外语界》, 2021(3): 9–12.

[2]　王定华、杨丹 . 人类命运的回响 [C]. 北京：外语教学与研究出版社 . 2021: IV.

[3]　文秋芳、常小玲 . 中国共产党百年外语教育与中华民族伟大复兴 [J].《外语教育研究前沿》, 2021(2): 7–19.

5

《"党的领导"相关内容进大中小学课程教材指南》《生命安全与健康教育进中小学课程教材指南》等重要文件。在制度引导上，设置全国教材建设奖，每4年评选一次，重点表彰在政治性、思想性、科学性、专业性、实践性、适用性、创新性等方面表现突出的精品教材，为建设高质量教材体系提供重要抓手和保障（曾天山等 2021）[1]，激励更多学术学科带头人和专家学者投入到教材编写中。在2021年公布的首届全国教材建设奖奖励决定中，共有119种外语类教材获得优秀教材奖项，其中特等奖1种、一等奖23种、二等奖95种；10位外语教育专家获得先进个人奖项；3家外语类教学或出版单位获得先进集体奖项。

顶层设计，服务人才战略。为满足国家新时代发展战略需求，加强国际传播人才队伍建设，党和国家高度重视国际化、复合型人才培养，进一步加强对外语教材建设的顶层设计。在中宣部与教育部的指导下，北京外国语大学联合全国多所高校，共同承担高等学校外语类专业"理解当代中国"多语种系列教材编写工作。系列教材涵盖英语、日语、俄语、德语、法语、韩语、西班牙语、葡萄牙语、意大利语、阿拉伯语、国际中文共11个语种，将习近平新时代中国特色社会主义思想系统融入外语类专业核心课程教材，引导学生深入领会思想科学体系，理解当代中国发展逻辑与伟大成就，提高向国际社会讲好中国故事的能力。同时，在教育部推动下，中学多语言教材编写与修订工作已经启动，职业院校多语言教材种类更加丰富，高校非通用语种教材建设覆盖更加全面。在新课标与新指南的指导下，面向国际化、复合型人才培养的外语教材体系日益完善，为我国参与全球治理、推动文明互鉴、构建人类命运共同体提供人才支撑。

深入推进，实施课程思政。随着《高等学校课程思政建设指导纲要》等文件的印发，高校课程思政开始进入深化和系统化的关键期（孙有中、王

---

[1] 曾天山等.职业教育和继续教育精品教材的共同特征与建设重点——基于首届国家优秀教材奖的情况分析[J].《课程·教材·教法》，2021(10):33-41.

卓 2021）[1]。外语课程在课程思政中发挥独特作用，能够使学生更加坚定文化自信，同时更加尊重其他文明，对文明交流互鉴和人类命运共同体构建有更鲜活、更深入的理解（文秋芳 2021）[2]。2021年，多位学者著文，从理论层面和课程实践层面对高校外语课程思政建设进行研究，为在外语教材的编写与使用中有机融入育人理念提供了启示和借鉴。同时，在《普通高等学校本科外国语言文学类专业教学指南（试行）》及《大学英语教学指南（2020版）》等文件的指导下，更深入体现课程思政理念的多部外语教材出版，有的增加了更丰富的中国文化内容，帮助学生理解文化内涵、讲好中国故事，有的在话题选择和练习设计中蕴含社会主义核心价值观和中华人文精髓，帮助学生树立正确的世界观、价值观与人生观，有的则从跨文化思辨角度，着力培养学生的道德推理能力、价值判断能力和有效沟通能力。

加强研究，攻关重大问题。 2021年，教育部发布《关于组织申报第二批国家教材建设重点研究基地的通知》，进一步加强教材研究，健全教材建设支撑体系，提高教材质量水平。根据通知要求，各教材基地应瞄准国家重大需求，汇聚专业力量，系统开展基础理论、实践应用、国际比较等研究，引导教材改革方向，服务教材编修工作，增强育人功能。这是国家教材工作整体布局的重要部分，是国家通过建设高水平专业智库，系统性、持续性研究当前我国教材建设重大问题的重要举措。新形势下，技术创新、社会变革与学科交叉融合等趋势为外语学科发展提供了新机遇，更高水平的发展需要外语教育界进一步解放思想，在发现新需求、解决新问题上下功夫（何莲珍 2021）[3]。当前我国外语教材研究仍有许多亟待解决的问题，包括党的创新理论成果进大中小学外语教材研究、大中小学教育政策在外语教材中的落实研究、外语教材评价标准研究、外语教材国际比

[1] 孙有中、王卓 . 与时俱进，开拓中国外语教育创新发展路径——孙有中教授访谈录 [J].《山东外语教学》，2021(4): 3-12.

[2] 文秋芳 . 大学外语课程思政的内涵和实施框架 [J].《中国外语》，2021(3): 47-52.

[3] 何莲珍 . 新文科与外语学科建设——综合性大学的探索与实践 [J].《中国外语》，2021(1): 8-9.

较研究、基于人工智能的新形态教材研究等，有待学界形成合力、协同推进、集体攻关，构建具有中国特色的外语教材研究学术体系与话语体系。

1.3 2021年我国外语教材发展的主要成就

2021年，在国家加强顶层设计、系统规划和协同推进的形势下，各教学、科研与出版机构持续推动各项教材工作，并在教材建设、教材研究、教材使用、教材管理、教材出版等方面进一步探索，取得了更多创新成果。

在教材建设方面，体现"三新"特色。2021年，贯彻落实新课标与新指南精神的外语教材相继出版，构建"新体系"，体现"新理念"，呈现"新形态"。仅本报告统计的主要外语教材就超过400种，涵盖多学段、多语种，对应多层次、多课程。在基础教育阶段，根据高中新课标要求编写的必修与选择性必修教材继续在全国范围内分批次进行选用。以《英语》(新标准)为例，教材全面落实立德树人根本任务，突出培养学科核心素养，注重内容的思辨性、活动的实践性与文化的多元性。在职业教育领域，在《高等职业教育专科英语课程标准（2021年版）》指导下，基础模块课程与拓展模块课程的教材不断丰富，经典教材的升级改版与新教材的开拓创新同步进行，如涵盖"1+19"专业体系的《新时代职业英语》与服务1+X证书制度的《职场实用英语交际教程》等；此外，面向职教本科等新需求的教材已启动编写。在高等教育阶段，贯彻《大学英语教学指南（2020版）及《普通高等学校本科外国语言文学类专业教学指南（试行）》精神的《新编大学英语》(第四版)、《新时代核心英语教程》等教材进入课堂，体现"跨文化思辨育人"理念的《新未来大学英语》等教材推动创新，服务"四新"建设的《学术英语(第二版)综合》《人工智能英语基础教程》等多种教材出版。与此同时，更多配套资源丰富、呈现形式灵活的新形态教材出现，为各院校提升外语教学效率、创新人才培养模式提供支持。

在教材研究方面，量与质同步提升。 2021年，与外语教材研究相关的论文、课题与著作数量较上一年增多，研究视角与研究方法也更加丰富。教材研究论文涉及多个语种和多类教材，涵盖回顾发展历程、总结建设问题的综述研究，探讨编写理念与数字化路径、对比文本或词汇特征的分析研究，以及对使用现状、影响因素和存在问题进行探究的调查研究，为教材编写者、使用者、出版者和研究者提供了有益借鉴。2021年国家社科基金项目与教育部人文社科项目的立项课题中共有6个与外语教材(含国际中文教材)相关的课题。从论文与课题的研究主题来看，多侧重在外语教材中的课程思政设计与文化呈现，以及国际中文教材中的中国形象研究等。为推动外语教材研究领域的批判性借鉴与自主创新，外语教学与研究出版社(以下简称"外研社")推出"外语教材研究丛书"，以促进中外教材研究成果交流与传播。此外，北京外国语大学中国外语教材研究中心与上海外国语大学外语教材研究院等机构还通过发布专项课题、建设教材数据库、组织学术会议等方式，推动外语教材研究的合作、交流与创新。

在教材使用方面，建设线上共同体。 有效使用优质教材能够提高教学质量，促进学生成长，也有助于学科发展与专业建设。为帮助教师理解教材理念、交流教学方法、提升教学能力，各教学与出版单位通过工作坊、研修班与虚拟教研室等方式，开展教材培训和教师交流。2021年，受疫情影响，教师培训更多在线上进行，这一方式也使更多一线教师打破时空限制，共享优质资源。例如，各出版机构以主题讲座、课例分析、经验分享等方式，在线上开展高中修订版教材研讨交流，深入解读教材，展示教学课例；依托U讲堂等线上社区，指导职业外语教师进行教材"二次开发"，提升思政育人实效；通过专题虚拟教研室，搭建教材编写者、使用者之间的交流平台。北京外国语大学文秋芳教授还带领团队创建了"产出导向法"云教研共同体，支持全国，特别是边远地区教师的提升与发展，为其深入领会理念、有效使用教材提供指导。《我爱汉语》等国际中文教材通过线上培训课程，帮助泰国本土小学中文教师理解教材和资源。线上共同体已成为展示、交流和传播教材使用方法的有效模式。此外，外研社"教学之星"大赛与"外教社杯"全国高校外语教学大赛等也对教师有效使用教材、落实课程思政理念起到了重要推动作用。

在教材管理方面，构建教材工作新格局。 2021年，各地各校贯彻落实《规划》与教材管理办法，并不断创新管理模式，加强教材规范化管理与信息化建设。北京外国语大学教材处于2021年5月召开首届教材工作会议，发布《北京外国语大学教材管理办法（试行）》及教材立项、出版资助、教材奖励、境外教材选用等一系列配套管理办法。为落实《普通高等学校教材管理办法》中有关信息化建设的要求，北京外国语大学还建设和启用了教材管理在线系统，实行教研室、学院、学校三级审核，落实"凡编必审、凡选必审"要求。上海外国语大学于2021年6月成立教材工作处，在党委领导下发挥规划、组织、协调、把关、保障等职能，推动学校教材建设和管理工作，提升教材工作的科学化水平，并先后制订了《上海外国语大学教材选用管理办法》等制度文件。全国多所高校外国语学院已制订教材管理办法，对教材编写修订、审核出版、选用流程、监督检查、资助奖励等提出明确要求。各校还通过举办专家咨询会与学术研讨会等方式，探讨教材管理机制，交流教材建设方向，进一步推动合作发展与协同创新。

在教材出版方面，加速数字化转型。 2021年，随着人工智能技术的发展与教育部多项举措的推动，外语教材的数字化建设进入新的发展阶段。数字教材以及数字化教学与学习资源已成为学生学习和教师教学的重要资源和课程实施必要载体（胡军 2021）[1]。外语教育界也在积极探索教材的新形态，以及配套的智能化教学新生态，形成课内课外、线上线下、

---

[1] 胡军. 外察与内省：数字教材与资源评价标准研究 [J].《课程·教材·教法》，2021 (5): 32-39.

虚实结合的教学环境。外研社2021年4月发布基于《英语》(新标准)的全新版本数字教材,以支持多教学场景、贯穿全教学流程为特色,为师生提供个性化、智能化教学方案。人民教育出版社(以下简称"人教社")基于人教智慧教学平台2.0,建设满足课前、课中、课后多种教学场景应用的教学资源与教学管理功能。在为纸质教材提供"智慧版"与"思政智慧版"等新型数字化资源的基础上,各出版机构还进一步研发以线上教学内容为主的新形态教材,如《新探索研究生英语教程》《长城汉语》等,将教材与智能化教学环境整合,提升多资源协同的教学体验。为实现教学管理和决策的精细化与智能化,各出版机构还加强了数字教材使用中的数据分析,从而更有效地提升外语教学质量与教学效率。

1.4 我国外语教材发展展望

尽管在教材建设、教材研究、教材使用、教材管理、教材出版等方面已取得突破性进展,但面对新形势与新挑战,我国外语教材建设还需进一步把握全局、规划布局,在服务国家和社会需求中提升格局,在理论研究与实践探索中谋求破局,在多元发展与多方协作中开创新局。

坚定方向,提升思想性与科学性。深入落实《习近平新时代中国特色社会主义思想进课程教材指南》《"党的领导"相关内容进大中小学课程教材指南》等文件要求,认真贯彻《义务教育课程方案和课程标准(2022年版)》等新课标与新指南要求,加强对外语教材编写修订工作的指导,确保基础教育、职业教育、高等教育领域的外语教材坚持正确的政治方向与价值导向,采用科学的教学理念与教学方法,实现知识传授、能力培养与价值塑造的有机统一。深刻认识外语教育属性,挖掘外语课程思政内涵,综合考虑学生发展、学科特点与学校定位,通过理论研究与实践探索,将立德树人目标与课程思政理念落实到教材编写目标、内容选择、活动设计与评价模式中，切实提升外语教材培根铸魂、启智增慧的实际效果，提高外语教育与人才培养质量。

明确定位，提升针对性与适用性。服务国家人才需求，在外语教材中实现价值引领，培养多元能力，帮助学生树立文化自信，拓展国际视野，体验文明互鉴，成为具有全球胜任力的高素质国际化人才，为增强我国国际传播能力、服务构建人类命运共同体等国家发展战略提供人才支撑。服务高校新工科、新医科、新农科、新文科建设，结合学科创新与专业创新，依托人工智能等先进技术，开发适应通用英语、专门用途英语、跨文化交际课程体系，提升学生语言能力、思辨能力、探究合作能力等的新形态外语教材，培养各学科高水平创新人才。服务区域、行业人才需求，形成行业企业、职业院校、高等学校、研究机构等协作的编写团队，研发对接产业需求、符合行业要求、满足岗位诉求的外语教材，将1+X实用英语交际职业技能等级标准有机融入教材，提升行业人才培养的针对性与适用性。

融合创新，提升精准性与有效性。在教材建设与使用方面，加快建设服务新战略与新要求的外语多语种教材与国际中文教材体系，着力建设"理解当代中国"多语种系列教材，加强资源开发、教师培训与使用跟踪指导，帮助学生系统理解、深入阐释和有效传播习近平新时代中国特色社会主义思想的科学体系。加强对首届全国教材建设奖的宣传交流，发挥获奖成果示范引领作用，并通过虚拟教研室、研修班和教学大赛等形式，加深教师对教材理念的理解，提升教师深入挖掘教材和有效使用教材的能力。积极响应教育信息化要求，依托大数据与人工智能等先进技术，为外语教材提供丰富的数字化资源、智能化平台与精准化服务，支持教师整合教学资源、优化教学流程、创新教学模式，提高教学质量与学生学习效率。根据不同课程的教学理念与学生的多样化学习需要，推进新形态教材开发，通过更多的呈现、组合与互动方式，改变传统教学关系，促进学生自主探究，助力教师精准施教。

协同发力，提升前沿性与发展性。外语教材研究是外语教育研究这一有机系统中的一个重要方面，涉及许多综合问题，需要顶层设计与协调发展(王文斌、柳鑫森 2021)[1]。在教材研究方面，应充分发挥国家教材建设重点研究基地的研究、指导、咨询、服务与传播功能，加强专业队伍建设、专项课题研究、数据资源建设，围绕新时代人才培养要求和外语教学发展实际需要，组织协同攻关研究，形成教材理论探索与教学实践创新紧密结合的新格局(曾天山等 2021)[2]。通过对中国外语教材建设中急需解决的现实问题的针对性研究、创新性探索与系统性构建，形成具有中国特色的外语教材研究学术体系，增强我国教材研究领域的国际影响力与话语权。在教材管理方面，应推动国家、地方、学校等联动并进，抓好编写、审核、选用等关键环节，加强落实外语教材管理办法，完善外语教材评价机制，不断提升外语教材质量，服务外语教育高质量发展。

　　教材是国家事权，关系国家和民族的根本利益和长远发展。教材建设工作意义重大，影响深远。回顾百年发展历程，在中国共产党的领导下，我国外语教育始终服务中华民族伟大复兴的初心与使命，我国外语教材建设始终与党和国家事业紧密相连。步入新的历史时期，我国外语教材建设将以习近平新时代中国特色社会主义思想为指导，深入贯彻习近平总书记给北外老教授回信重要精神，全面落实《教育部教材局2022年工作要点》，打造更多培根铸魂、启智增慧、适应时代要求的精品教材，努力建设具有中国特色的高质量外语教材体系，服务有家国情怀、有国际视野、有专业本领的国际化复合型人才培养，为我国外语教育发展和国际传播能力建设作出新的更大贡献。

---

[1]　王文斌、柳鑫森.关于我国外语教育研究与实践的若干问题[J].《外语与外语教学》，2021(1): 1–12.

[2]　曾天山等.职业教育和继续教育精品教材的共同特征与建设重点——基于首届国家优秀教材奖的情况分析[J].《课程·教材·教法》，2021(10): 33–41.

第二章 | 中小学外语教材建设

2021年，基础教育领域继续坚持以习近平新时代中国特色社会主义思想为指导，在党中央、国务院坚强领导下，迎难而上、砥砺奋进，统筹疫情防控和教育改革发展，推进教育"十三五"规划圆满收官，疫情防控取得重大战果，教育脱贫攻坚取得重大胜利，全面落实立德树人根本任务取得重大进展，教育改革开放实现重大突破，扛过了疫情大考，经受了大风大浪，为党和国家工作大局作出了重要贡献，进一步增强了教育自信，推动中国教育站在了新的历史起点上。

2021年是具有特殊意义的一年，是中国共产党成立100周年，是"两个一百年"奋斗目标交汇之年，是"十四五"开局之年，是开启全面建设社会主义现代化国家新征程、构建新发展格局的元年。"十四五"时期，我国教育进入高质量发展阶段，教育改革发展的外部环境和宏观政策环境已发生深刻变化，面临着新形势、新阶段、新格局、新目标、新要求。

基础教材建设以党的十九大和十九届历次全会精神为核心，以习近平总书记给人民教育出版社老同志重要回信精神为指引，坚持正确方向，加强整体谋划，深入推进教材建设"培元工程"，全面实施教材管理"提质工程"，全力打造教材建设"精品工程"，筑牢教材建设"基础保障工程"，全面推进教材建设高质量发展。

2021年全国教育工作会议的召开为基础教育发展指明了方向。会议强调要落实立德树人根本任务，培养德智体美劳全面发展的社会主义建设者和接班人。要持续完善德智体美劳全面培养的育人体系，健全学校家庭社会协同育人机制，提升思想政治工作质量，发挥教材培根铸魂、启智增慧作用，加强语言文字工作，促进学生身心健康全面发展，大力度治理整顿校外培训机构，抓好中小学作业、睡眠、手机、读物、体质管理，为落实落细立德树人根本任务提供更加科学的导向、更为多样的资源、更加灵活的方式。

2.1 中小学外语教材相关政策

2020年1月，国家教材委员会印发了《全国大中小学教材建设规划（2019—2022年）》（以下简称"《规划》"），第一次对各学段、各学科领域教材建设作出系统设计。《规划》提出，到2022年，教材建设全面加强，教材管理体制基本健全、体系基本完备、质量显著提升，更加适应中国特色社会主义发展要求，更具中国特色和国际视野，育人功能显著增强，开创教材建设新局面。基础教育教材重点是进一步强化育人功能，为学生打好中国底色，厚植红色基因，更好解决"为什么学""怎么学"的问题。

2021年2月初，教育部发布《教育部2021年工作要点》，第17条明确提出"用心打造培根铸魂、启智增慧的精品教材"。具体措施包括推进落实《全国大中小学教材建设规划（2019—2022年）》，开展实施状况调研评估；完成《义务教育课程方案》和义务教育各学科课程标准修订；印发实施《中小学教材审核细则》；完成首届全国教材建设奖评选工作；修订印发中小学教材选用管理办法，修订中小学教辅管理办法，印发数字教材管理办法、校外培训机构教学材料管理办法、中小学课外读物进校园管理办法、《全国中小学图书馆推荐书目》（2021年版）等文件；加强教材宣传工作，创造良好使用氛围，确保全面落实立德树人根本任务。

2021年1月，教育部、国家发展改革委、工业和信息化部、财政部、国家广播电视总局等五部门联合印发《关于大力加强中小学线上教育教学资源建设与应用的意见》（以下简称"《意见》"）。这是自2000年我国基础教育信息化正式启动以来，第一个由教育部牵头、多部门联合印发的针对中小学线上教育教学资源建设与应用工作的规范性文件。基本目标是到2025年构建三个体系：一是基本形成定位清晰、互联互通、共建共享的线上教育平台体系；二是覆盖各类专题教育和各教材版本的学科课程资源体系；三是涵盖建设运维、资源开发、教学应用、推进实施等方面的政策保障制度体系。《意见》回应了疫情防控常态化背景下社会对线上教育教学改革发展的关切，融合了以往教学资源建设的经验和疫情期间积累的宝贵经验，着眼教育现代化发展，通过多部门协同工作为中小学线上教育教学资源建设与应用提供支持与服务，扩大优质教育资源有效供给，满足线上教育教学资源建设的现实需求，深化基础教育育人方式的改革，促进教育公平、提高教育质量。《意见》的出台是支撑我国"十四五"期间构建高质量基础教育体系、推动教育现代化进程的重要举措。

2021年4月，教育部办公厅发布《关于印发2021年中小学教学用书目录的通知》，要求中小学国家课程必须使用本文件所附目录中的教材。《2021年普通高中国家课程教学用书目录（根据2017年版课程标准修订）》和《2021年普通高中国家课程教学用书目录（根据2003年版课程标准编写）》仍将并行一个时期。鼓励使用新教材，2022年秋季学期起，旧教材将逐年退出目录。按照《国务院办公厅关于新时代推进普通高中育人方式改革的指导意见》（国办发〔2019〕29号）精神，各地要统筹推进，确保实施新课程、使用新教材。

2021年7月24日，中共中央办公厅、国务院办公厅印发《关于进一步减轻义务教育阶段学生作业负担和校外培训负担的意见》，"双减"政策文件正式出台。文件要求严禁超标超前培训，实行义务教育的学校不许使用境外教材；提出了明确的工作目标：学校教育教学质量和服务水平进一步提升，作业布置更加科学合理，学校课后服务基本满足学生需要，学生学习更好回归校园，校外培训机构培训行为全面规范，学生过重作业负担和校外培训负担、家庭教育支出和家长相应精力负担1年内有效减轻、3年内成效显著，人民群众教育满意度明显提升。

2021年8月，教育部办公厅印发《中小学生校外培训材料管理办法（试行）》，针对校外培训机构自编的面向中小学生的所有线上与线下、学科类与非学科类培训材料，从材料内容编审标准、相关人员资质标准和审核把关制度等方面提出了全面规范要求。

2021年9月，国家教材委员会发布《关于首届全国教材建设奖奖励的决定》，授予10种教材"全国优秀教材特等奖"、99个集体"全国教材建设先进集体"称号、200名同志"全国教材建设先进个人"称号，旨在表彰奖励优秀教材和对教材建设作出突出贡献的集体、个人，调动各方面的积极性，带动教材质量水平整体提升。基础学段共有59种英语教材获奖，其中外研社有22种教材获奖，《普通高中教科书英语必修第一册》获得英语学科教材中唯一一项特等奖，此外另有2种获一等奖、19种获二等奖；人教社有20种教材获奖，其中4种获一等奖、16种获二等奖；上海外语教育出版社（以下简称"外教社"）有2种获一等奖、2种获二等奖；上海教育出版社有6种获二等奖；译林出版社有5种获二等奖；北京师范大学出版社（以下简称"北师大出版社"）有2种获二等奖。首届全国教材建设奖展示了我国教材建设，特别是党的十八大以来大中小学教材建设取得的重大成就，为今后的教材出版提供了优秀范例。

2021年11月，教育部课程教材研究所印发《关于开展中小学教材"回头看"审读工作的通知》，要求对2021年秋季和2022年春季使用的包括外语（含英语、日语、俄语）在内的9个学科的中小学教材进行审读，审查教材中是否凸显中国历史、中国文化、中国精神、中国英雄，充实中国共产党、新中国、中国改革开放、中国新时代的内容，强化教材的铸魂育人作用。

2021年12月，教育部印发《普通高中学校办学质量评价指南》（以下简称"《评价指南》"）。《评价指南》把立德树人成效作为根本标准，坚持以学生全面培养全面发展为核心，聚焦学校办学质量，构建普通高中学校办学质量评价体系。评价内容主要包括办学方向、课程教学、教师发展、学校管理、学生发展等5个方面，共18项关键指标和48个考查要点。

教育部连续出台的改革政策，凸显了国家对基础教育的重视程度。2021年是进一步加强国家层面的顶层设计和管理的一年，是为建设高质量教育体系立柱架梁，为建设教育强国开好局、起好步的一年。

2.2　中小学外语教材出版概况

2.2.1　义务教育英语教材

2020—2021年，我国义务教育阶段依然使用2012年修订后出版的小学初中英语教材。截至2021年，教育部教材局公布的《2021年义务教育国家课程教学用书目录》中共有28套通过教育部审定的小学英语教材（含"五·四学制"小学教材），10套通过教育部审定的初中英语教材（含"五·四学制"初中教材）。

为贯彻党中央、国务院关于加强和改进新形势下中小学教材建设的意见，建立健全中小学教材管理制度，切实提高教材建设水平，教育部制定了《中小学教材管理办法》，其中规定经审定的教材不得擅自修改，如需修订，须按相应程序送审。根据此管理办法，教育部课程教材研究所于2020年下发《关于规范中小学国家课程教材日常修订送审工作的通知》，要求各有关中小学教材编写出版单位在春、秋两季定期进行修订送审申请。依据教材局政策和实际教学需求，各出版机构形成了对内容和产品体系实时更新的机制，按时完成修订送审申请，并根据批复意见完成春、秋两季教材的修订。

2021年，教育部课程教材研究所印发《关于开展中小学教材"回头看"审读工作的通知》。各出版机构认真学习研究，领会通知精神，根据通知要求，对2021年秋季、2022年春季使用的中小学教材进行了全面、认真的审读工作，并召开审读评判会，形成审读意见和修改计划，切实履行了专项检查审读程序。

2021年，教育部继续推进全面落实立德树人根本任务，用心打造培根铸魂、启智增慧的精品教材，统筹推进大中小学课程教材建设，继续推进《义务教育课程方案》和义务教育各学科课程标准(含英语)修订。本次义务教育课程标准修订是在中国特色社会主义进入新时代的背景下开展的。这次修订重在解决存在的问题，重在面向未来做好提升，使课标更好。一是政治站位更高，要以习近平新时代中国特色社会主义思想为指导，全面落实习近平总书记在全国教育大会上的讲话精神，从着眼培养时代新人的要求、立足应对当今世界复杂局面的挑战、针对疫情防控暴露出的问题、服务国家义务教育发展的战略等来修订课标。二是目标导向更强，要将党的教育方针转化为各门课程的核心素养和课程目标，积极为学校育人画像，为教师教学架桥，为学生成长导航。三是科学定位更准，要处理好通适性与差异性、经典性与时代性、全面性与个性化、规范性与灵活性等关系。四是创新意识更浓，要注重培养学生创新人格，引导教师变革教学方式，用评价引导创新。五是实践要求更实，要明确实践育人具体要求，加强对实践教学指导，确保劳动教育要求落地。六是衔接贯通更顺，要注重幼小、小初、初高中衔接，合理设计，实现学段纵向有序衔接，学科间横向有机配合。

各出版机构积极筹备新一轮义务教育教材修订，积极响应国家教材委员会印发的《"党的领导"相关内容进大中小学课程教材指南》，在中小学教材中进一步彰显中国历史、中国文化、中国精神、中国英雄，充实中国共产党、新中国、中国改革开放、中国新时代的内容，强化教材的铸魂育人作用；更加坚持文化自信、德育为先、导向正确，充分体现社会主义核心价值体系；坚持以人为本，遵循学生认知规律和教育教学规律；坚持正确的政治方向和价值导向，严格遵守我国民族宗教政策和"三个离不开""五个认同"思想的内容；坚持继承发展，积极借鉴汲取国际先进教育教学经验和理念。

2.2.2 高中英语教材

2020年到2021年，在《普通高中英语课程标准（2017年版2020年修订）》（以下简称"《高中课标》"）指导下，修订版高中英语必修和选择性必修教材继续在全国范围内分批次进行选用。截至2021年，除四川、内蒙古自治区以外，全国绝大部分省市都已经开始使用新教材。与旧版教材相比，新教材有了较大的提升和改进。首先，使用者均认为新教材更加适应时代发展的要求，从内容和形式上反映了先进的教育思想和理念，关注信息化环境下的教学改革，关注学生个性化、多样化的学习和发展需求，反映了新时代中国特色社会主义理论和建设新成就。其次，使用者普遍认为新教材全面体现了《高中课标》的精神，以培养学生的英语学科核心素养为宗旨，能够将学科核心素养的培养贯穿于教材的各个环节中，确保学生的语言能力、文化意识、思维品质和学习能力得到同步提升。最后，新教材凸显了普通高中英语课程的重要育人功能，能够根据学生的认知特点和接受规律，通过精心选材和合理呈现，使立德树人教育细致化、过程化，让立德树人教育走进课堂，潜移默化地走进学生心田，让英语学习变得有温度、有实感。

以外研社版高中教材为例，通过对教材使用情况的持续跟踪调研，各地师生从以下六个方面给予了新教材积极反馈和高度肯定。

1）高度重视主题意义引领

教材全面落实人与自我、人与社会、人与自然三大主题语境的构思。重要题材在教材中都有体现和各种形式的复现，内容逐步扩展加深、螺旋式上升，符合语言教学规律。教材选篇新颖，与时俱进，贴近生活，贴合学生的兴趣点，充分满足学科育人要求。在主题驱动下，教材将听做、听说、听做说、读懂、看懂、读做、读写、听写、写说等语言技能和分析、比较、调查等综合性活动贯穿起来，结为一体，以综合技能训练的方式体现实际生活中的语言应用。

2）全面落实核心素养要求

教材将学科核心素养的四个维度有效融合到学习全过程中，创新活动设计，指向学科核心素养，严格落实新课标规定的英语学习活动观，围绕主题语境，基于多模态语篇，将听、说、读、看、写等各项技能要求和训练落实到有意义的学习活动中，帮助学生在获取信息、处理信息的同时，掌握语言技能，建构完善的知识基础，提升不同语境下各种语言活动中的语言技能实践能力。教材以帮助学生形成以能力发展为目的的学习方法为原则，鼓励他们通过体验、实践、讨论、合作、探究等方式，利用各种学习资源完成学习任务、解决学习中的困难，从而形成自主学习能力。教师能够在教学中贯彻各项技能的综合运用，在单元语境下达成对学生语言能力、文化意识、思维品质和学习能力的培养。

3）教材选篇经典

教材的每一单元在单元话题架构内，用两个阅读篇章和相关语段，丰富内容，拓展题材和体裁，帮助学生达到爱学、有思、会品、可迁移、可内化、可实用的学习效果。经过精心挑选、精雕细琢，确保所选定的篇章都是语言精美、内容经典、有教育意义、有语言学习价值的精品。同时，选材注重时代进步和语言发展，把党中央对教育立德树人的要求落在实处，让学生能够通过英语学习培育中国情怀，坚定文化自信，开拓国际视野，提升新时代要求的核心素养。

4)内容结构性和逻辑性突出

单元结构符合学生认知过程，教师能够引导学生清楚地体会到教材内容层层递进的衔接和提升。整体教学过程围绕主题，思维品质、文化意识、学习能力三线贯穿，在话题语境下，向学生提供有意义的语言学习、锻炼和实践的空间，从接触到熟悉，从应用到活用，体现语言学习中学习者的认知思维发展，充分展现"理解—发展—实践"的认知过程。每一个环节又细化为可操作的各种中观和微观过程，确保学生的学习过程有支架、有意义，有展示、有交流、有反思、有评价。在最后的观点表达和项目实践环节，学生能够深入思考和表达自己的观点，关联日常生活进行反思，加深对单元主题的理解。

5)突出跨文化意识的建构与发展

教材注重在语篇中体现热点话题、典型篇章、经典语言，注重英语历史文化中名人名篇的选取及现代热点话题下的英语鲜活篇章的介绍，让学生了解英语反映的英美等国的社会和文化。同时，教材注重对中国文化、中国故事、中国传统价值观和世界问题的中国视角的介绍。通过比较中外文化，帮助学生更好地理解文化异同，拓展国际视野，学会理解和包容不同文化，积极学习，提升文化自信、道路自信，将文化知识内化为正确的文化价值观和有利于国家及个人发展的跨文化态度与意识。

6)配套资源丰富

新教材提供了如教师用书、同步练习册、配套读物、音视频材料、数字教材、示范课、微课、教学课件、专项技能APP、微信小程序等配套资源，全面满足教师个性化教学需求。另外，教材配有丰富的师训图书以及学术期刊，针对教师教学中出现的理论及实践性问题进行释惑，帮助一线教师更深入地理解新课标的理念、目标和内容。由专家团队引领并参与指导的教材使用培训和教学技能培训，能帮助教师解决教学中的实际问题，提升教师的专业水平。

2.2.3　中学多语言教材

教育部于2020年5月印发《普通高中课程方案和语文等学科课程标准（2017年版2020年修订）》。围绕新课标，中学多语言教材的编写和修订工作随即启动。例如，结合高中日语教学的实际需求，外研社组织专家及一线资深教师编写了面向高中零起点教学使用的教材《新起点日语》。该套教材于2021年出版，共四册，包含学生用书、同步练习册和教学辅导用书。面向中学日语学习者，世界图书出版公司于2021年7月出版《新编高中日语(第一册)》。此外，针对青少年德语学习者，外研社于2021年引进出版了《开心学德语(青少版)B1》和《大家的德语》系列教材。

表2.1　2021年中学多语言教材出版一览表

课程类型	教材名称	主编	出版社	出版时间
高中日语课程	新起点日语（第一册）学生用书	朱桂荣	外语教学与研究出版社	2021年2月
	新起点日语（第二册）学生用书	王健宜	外语教学与研究出版社	2021年6月
	新起点日语（第三册）学生用书	朱桂荣	外语教学与研究出版社	2021年10月
	新编高中日语（第一册）	陈多友、张志刚、李宇霞	世界图书出版公司	2021年7月
德语二外、兴趣课程	大家的德语A2学生用书	[德]Rolf Brüseke	外语教学与研究出版社	2021年1月
德语二外、兴趣课程	开心学德语（青少版)B1学生用书	[德]Stefanie Dengler 等	外语教学与研究出版社	2021年5月

2.2.4　中小学数字教材

2.2.4.1　中小学数字教材发展历程

我国的中小学数字教材于2000年前后开始研发和实践应用，最早以纸质教材原样翻版的电子书形式出现。数字教材的发展经历了光盘版数字教材、多终端版数字教材和网络版数字教材三个阶段[1]。学界对数字教材的本质认识有电子书说、软件系统说和学习环境说三种不同观点[2]，其发展形态和特征伴随技术环境的发展而变化。

随着人工智能技术的发展，数字教材已呈现出平台化智慧型特征，不再仅仅是媒介载体和呈现方式的不同，而是通过建立数字化学习环境更好地支持群智学习和个性化学习[3]。数字教材利用信息技术，融合文字、音频、视频、图片及动画等元素，将传统纸质内容作数字化处理，既能满足阅读和教学需求，又具备媒体性、交互性、动态性。

2013年，数字教材的研发工作被列入教育部《2013年教育信息化工作要点》，数字教材概念第一次在政府文件中出现，之后在每年的《教育信息化工作要点》中，都有涉及数字教材的相关要求。2018年，教育部印发《教育课程教材改革与质量标准工作专项资金管理办法》，明确指示"开展数字教材等新形态教材的研发、试点和推广"。

2019年，中共中央、国务院印发《中国教育现代化2035》，将"发展中国特色世界先进水平的优质教育"作为面向教育现代化的十大战略任务之一，其中对充分利用现代信息技术，丰富并创新课程教材体系，增强教材的思想性、科学性、民族性、时代性、系统性，建立数字教育资源共建共享机制等提出了要求。

但是，目前中小学数字教材仍存在定位不清晰、开发标准不统一，以及审查与监管机制不完善、相关管理政策滞后等问题[4]。2020年，教育部召开发布会介绍"十三五"期间教材建设工作有关情况，同时表示已委

[1]　尹导.数字教育融合产品发展现状与破局之道 [J].《出版参考》,2021(1): 5.

[2]　徐丽芳、邹青.国外中小学数字教材发展与研究综述 [J].《出版科学》,
　　　2020(5): 31-43.

[3]　李晓锋、孙燕.数字教材的属性特征及标准规范体系研究 [J].《出版科学》,
　　　2021(3): 8.

[4]　王志刚.我国中小学数字教材开发现状及发展建议——基于中小学数字教材典型产品调研的分析 [J].《出版科学》,2020(5): 22-30.

托专业机构开展数字教材开发、编写、评审等方面的研究。《教育部2021年工作要点》中进一步明确，印发数字教材管理办法。

2021年5月，国家重点研发计划"国家质量基础的共性技术研究与应用"（简称NQI）专项课题"数字教材与数字版权保护标准研究"的成果《中小学数字教材质量要求和检测方法》等标准通过了由全国新闻出版标准化技术委员会组织的专家评审。

2.2.4.2 中小学数字教材开发现状

目前我国中小学英语数字教材的开发单位涉及教材出版机构、数字公司、教研机构等，开发思路和产品设计大致相同，基本以课程标准为指导，以纸质教材为蓝本，针对信息化环境中教与学的需求，基于学科课程理念和教材知识体系，配套多媒体资源和学科工具，采用多媒体技术、数字技术等手段进行设计开发[1]。

在开发品种上，各教材出版机构发挥各自优势，体现不同特色。外研社数字教材发挥英语学科的专长优势，在英语数字教材领域精耕细作，紧密贴合语言学习的规律特点；人教社数字教材品种最多，基本上涵盖了小学、初中和高中的所有学科。以下分别介绍外研社、人教社和北师大出版社的基础学段英语数字教材的基本情况。

1）外研社数字教材

2011年，外研社顺应数字化出版潮流，推出《英语》(新标准)数字教材"网上新标准"，后在国家教育资源公共服务平台正式上线。2016年，外研社中标天津市中小学教育教学研究室"基于国家课程教材的教师备授课系统"项目，为上百万学生提供数字教材服务。十余年来，外研社深耕英语教学，在英语学科数字教材上不断打磨、优化迭代。

---

[1] 王志刚. 我国中小学数字教材开发现状及发展建议——基于中小学数字教材典型产品调研的分析 [J].《出版科学》, 2020(5): 22-30.

2021年4月，外研社在北京图书订货会上正式发布全新版本数字教材。新版数字教材是依据国家课程标准，基于《英语》(新标准)纸质教材，在教育信息化环境下利用先进大数据、智能语音评测、多媒体等技术研发的一体化英语数字教材。该数字教材依托英语教学理论与方法，深度挖掘英语学科育人价值，满足新时期国家发展对基础英语教育改革的要求。

新版数字教材功能更加丰富，深度发掘英语学科教学特色，更加符合英语学科用户个性化教学需求。其功能贯穿课前预习、课上讲解、课后练习等全教学场景，覆盖学习中听、说、读、看、练等核心环节，把控从输入到输出的全流程，并给出基于智能评测引擎的科学反馈，形成有效的学习闭环。在用户行为数据分析的基础上，在教材知识层、展现层和功能层提供知识重构、个性定制学习档案等教材学习服务，满足教材学习个体和群体个性化需求，促进创新型人才的培养和教育均衡发展。数字教材开发了移动端和PC端SDK，方便各大平台快捷接入。

为支持数字教材有效使用，外研社自主开发"外研K12教学云平台"，以教材为核心，汇聚教材、培训、测评、硬件、数字等多端业务服务，满足学校、教师、学生、家长、政府等多方需求，承载备课、授课、练习、考试等多个教学场景，提供一站式教学解决方案。平台提供新的数字教材功能，同时提供新的PC端SDK、APP端SDK，可对接各类第三方平台。除此之外，还推出"外研优学"英语学习平台，围绕《英语》(新标准)数字教材，提供课文点读、课文跟读、同步词汇、音视频、情景对话及背课文等全方位教材配套学习资源；支持阅读能力测评，配合外研社分级阅读绘本资源，提升英语阅读能力；收录经严格审核的优质试题资源及北京外国语大学专家倾力打造的听说微课；结合大数据和语音测评技术，满足学生课前预习、课后复习、拓展强化等多种场景需求。"外研K12教学云平台"和"外研优学"于2022年升级为"外研U学"平台，进一步优化数字教材设计和体验，多维度赋能教学和学习。在此基础上，"外研新标准英语点读"微信小程序与《英语》(新标准)纸质教材完全配套，内容权威，设计科学，同步教材，配备原版音频、视频及点读、翻译等功能，方便教师指导学生利用碎片时间进行学习。

2）人教社数字教材

2002年，人教社推出第一代人教数字教材，即纸质教材的电子书版。目前广泛应用的是人教社2018年推出的第三代人教数字教材。该数字教材是面向中小学师生，依据国家课程标准，以人教版纸质教材为蓝本，针对信息化环境中教与学的新需求，以提高教学和学习效果、发展学生核心素养为目标，利用互联网、数字媒体、大数据等技术手段，融教材、数字资源、学科工具、应用数据于一体的立体化教材，为数字化教学提供基础资源、基础连接、基础应用、基础服务。

人教社立足于信息化教学需求，以人教版纸质教材为蓝本研究编写数字教材，与纸质教材相辅相成、同步更新；根据英语学科特点编写优质的学习内容，帮助学生理解学习的重难点，生成多维度的反馈和评价统计数据。人教数字教材可以与其他数字学习内容、工具共同组成数字教育资源与服务体系，发挥其核心作用，形成个性化的学习记录与轨迹。

人教社开发的人教智慧教学平台2.0以人教数字教材为核心，集教材配套教学资源、全学科精选题库、教学应用及学科教学工具于一体。平台提供学科教研、备授课、课堂互动、作业测评及教学管理等功能，满足课前、课中、课后多种教学场景应用。人教社还开发了与《英语》教材紧密结合的"人教点读"APP和"人教口语"APP，借助智能语音测评技术帮助学生矫正发音、突破听说障碍、提高口语成绩，激发学生学习兴趣，全面提升语言综合运用能力。

3）北师大出版社数字教材

北师数字教材是由北京师范大学出版集团官方出品，以北师大版纸质教材为基础，围绕教学目标和教学重点进行开发的数字化教学产品，其中包含高质量、多维度、多层次的数字化教学资源，同时深度融合了语音评测技术和具有学科特点的数字化教学功能。北师英语学科数字教材产品深度整合了配套教材的学习资源，包含文本、图片、视频、音频、动画等，提供点读、口语评测、背单词、同步练习、知识点讲解等全方位学习功能，帮助学生实现自主学习和高效学习。

2.3　中小学外语教材使用案例

2.3.1　中小学英语教材使用案例

北京市西城区奋斗小学：整体构建，问学交融

北京市西城区奋斗小学创设了基于核心素养的奋斗课程体系，围绕"大观念"开展单元整体教学，以外研社版《英语》(新标准)一年级起点教材为主，以自主开发的活动课程为辅，形成国本＋校本的"大单元"英语课程，从而形成基于英语核心素养的英语课程体系。

在整个课程体系中，教师以学生自主提问为学生能力的生长点及研究落脚点，采用"问答关系"(Question-answer relationships)策略，培养学生从不同角度思考问题，实现学生发现问题、提出问题、分析问题、解决问题的"学习单元"，使学生成为课堂的主人、学习的主体，最终实现以问促学、问学交融，提升学生综合素养和解决实际问题的能力，为终身学习奠定基础。

成都市双庆小学：基于主题意义的小学英语课堂教学

成都市双庆小学在日常英语教学中不断渗透主题意义，提升学生的英语学科核心素养。在使用人教版《义务教育教科书 英语》(一年级起点)教材中，通过"呈现主题—谈论主题—运用主题"的思路开展教学活动。

以四年级上册Unit 5 Safety一课为例，在"呈现主题"环节，教师以图文解码方式引导学生对主情境图进行观察、思考与讨论，初步感知本单元话题，建立主题下的意义表达；在"谈论主题"环节，通过技能活动推进学生对主题情境的认识，建立网状式学习模式，通过听读模仿、联系图片思考等活动引导学生思考与表达；在"运用主题"环节，将场景迁移至学生日常生活，让学生从自身出发，进行主题下的语言输出。在整个教学中可以看到学生的思维是灵动的，学习是真实的，表达是流畅的。通过对主题意义的分析、体验、建构、运用及反思，学生能够建立起新知与旧知、自身经历与所学知识之间的关联，提高逻辑思维及迁移表达等能力。

北京市第八十中学：打造深度学习的课堂

北京市第八十中学在初中英语课堂教学中坚持以学生为中心，注重学生个体差异，实现语言深度学习。在日常教学中，以外研社版《英语》(新标准)(初中)教材为依托，每周完成一个模块的教学，并以模块话题为核心有意识地拓展资源，拓展学生的学习广度和深度，发展学生的综合语言运用能力。

为实现语言的深度学习，在实施课堂教学前，教师对授课文本进行what、why、how三个维度的深入解读，充分挖掘文本的语言学习价值和育人价值，奠定深度学习的基础。在课堂教学中，突出学生的主体地位，开展语言的深度学习。教师通过设计层层递进的问题链，引导学生获取表层信息，解读文本内涵。同时，教师创设合理真实的情境，帮助学生将学到的知识迁移到新的情境中或创造性地解决新的实际问题。此外，教师还引导学生积极开展自评和互评，对自身语言学习进行反思、监控和调整。学生主动参与评价有助于构建新的学习意义，促进学生的深度学习。

青岛市第三十九中学："从做中学"的初中英语单元整体教学实践

青岛市第三十九中学贯彻"从做中学"的教育思想，在使用人教版

《英语》(新目标)初中教材中，按照英语课程标准对培养学生核心素养的要求，设定单元整体教学目标，开展多样化的语言、思维和文化相融合的学习活动。

在初中英语教学实践中，以下特点较为突出。(1)教师充分研读、分析教材，围绕每单元的具体主题、文本类型和内容，制定单元整体教学目标。(2)采用项目式教学法，从单元整体教学目标出发，结合学生的兴趣和需求制定单元项目，开展最能激发学生积极思考和学习兴趣的产出活动，让学生将所学知识运用到真实的项目中，"从做中学"。例如，在学习有关"电视节目"的单元时，开展校园英文电视节目展；在学习有关"旅游"的单元时，让学生制作并介绍本市的旅游手册。(3)在项目评价中提供多维度的评价标准，充分发挥同伴评价的促学、互惠优势，改变学生在评价过程中的被动地位，提高学习主动性。

天津市南开中学：主题意义探究下的思维品质培养与应用实践

天津市南开中学基于外研社版《英语》(新标准)高中修订版教材，通过搭建支架，关注学生思维品质的提升，培养高阶思维。高阶思维与课堂教学活动设计也是正在实践的市级立项课题。在教学过程中，教师以问题链的层层递进的形式，引导学生逐步深入理解单元主题，进行思维的提升，同时将教材内容迁移到学生自身，把思维方式和语言结合起来，应用到实际生活中。如选择性必修第四册第一单元，在引导学生对比两个作家的人生选择后，让学生给正在读大学的校友写信，请他们对自己的未来规划提出建议。

同时，南开中学将思政教育和思维品质培养相结合，落实到英语课堂中。例如在教授选择性必修第三册第四单元关于西南联合大学的课文时，教师引导学生分析课文、提炼联大精神、用语言表达这种精神，在输出环节，引领学生总结南开精神。

此外，教师注重把主题意义探究与项目式学习结合起来，充分利用教材的Project（项目实践）板块，让学生使用所学内容和语言解决实际问题。如必修第一册第一单元的主题是适应高中新生活。在项目实践环节，每个班分成六至七个小组，分别制作学校的宣传手册，利用这个契机充分了解南开中学的传统和文化。

中国人民大学附属中学：产出导向，学用一体

中国人民大学附属中学在日常英语教学中践行产出导向（Production-oriented approach）教学理念，将输入性学习和产出性运用紧密结合，帮助学生将所学知识自动转化为产出能力，进而用于日常交际。

在教学过程中，教师基于北师大版《英语》高中修订版教材，围绕《高中课标》对英语教学的具体要求，整合教材的主题，并根据学情对教材主题内容进行适当的补充与拓展。同时，采用"促成活动"教学，即将输入、输出的活动融为一体，体现"学用一体"的教学理念。活动过程中，教师不断营造输出氛围，促使学生不断思考，然后适时为学生提供相关语料，促使学生有针对性地吸收和运用目标。学生完成单元主题学习后，运用所学的语言和文化知识，围绕该主题建构新的结构化知识，用英语交流和表达新的认知，从而形成解决问题的新思想、新方法和价值观念，继而将其迁移到新的情境中，解决实际问题。

此外，教师注重学习活动的进阶性和语言技能训练的综合性。教师根据学生水平开展语篇文本分析，从词到句，从句到章，逐层推进；针对看、听、读、说、写、译等语言技能的发展，教师采用讲故事、听新闻、讨论、辩论、访谈、配音、角色扮演、演讲等方式，带领学生爬坡过坎，一步一个脚印，最终使学生能用所学语言"做事"。

2.3.2 中学多语言教材使用案例

《新起点日语》教材自出版以来，被全国多所学校选用。使用院校教师认为教材贴合新课标精神与要求，配套资源齐备，教学指导翔实，便于教师使用。教材所选课文主题均在《普通高中日语课程标准（2017年版）》所给出的主题范畴之内，各个板块在内容编写和设计方面，主题鲜明、环环相扣、循序渐进，目的是通过对听、说、读、写等综合技能的训练，使学生在强化语言能力的同时，锻炼思维品质，培养学习能力，增强文化意识。现以《新起点日语(第二册)学生用书》第3课「『食』から見る世界」(从"食物"看世界)为例，从三方面阐释学校如何以主题为引领、以情境为依托、以语篇为载体、以任务为驱动，合理使用教材内容进行教学。

1.明确教学目标，以主题为引领，在实践活动中落实核心素养培养。

每课的篇章页提示本课的主题内容、学习目标、语法项目及交际情境。教师要引导学生关注学习目标，激发学生的学习兴趣。同时，教师还要引导学生多观察图片，激活已有的知识概念。

「ステップ1 考えましょう」(步骤1：想一想)作为预热和导入环节，旨在激活学生已有的背景知识和语言知识。引导学生从文字、图片、表格等多模态语篇中提取信息，有逻辑性地梳理、概括、论证自己的观点，进行思辨性的判断和讨论。导入部分的目标是启发学生对用餐礼仪的思考和理解，帮助学生了解礼仪、礼节的重要性，认识不同国家礼仪之间的差异，同时培养学生尊重和包容世界多元文化的意识。为此设置了以下两个环节：第一环节从一幅引人深思的聚餐插图展开，引导学生思考餐桌礼仪；第二环节要求学生探索其他国家和地区的不同于中国的文化习惯，目的是丰富学生的见闻，培养学生的多元文化认知视角，使学生了解世界各国、各地区之间文化习惯的异同。在此基础上，加深学生对中华文化的理解和领悟，同时使学生学会尊重并包容其他国家的文化习俗。

2. 以情境为依托、以语篇为载体，组织本课教学内容。

「ステップ2 聞きましょう」(步骤2：听一听)和「ステップ3 読みましょう」(步骤3：读一读)这两个板块是围绕本课主题设置的两个主要日语实践活动。它们是学生在学习过程中获取信息、梳理知识的重要路径。各课语篇的主题有校园生活、社团活动、社会服务、健康生活、衣食住行、礼仪礼节、传统文化等。语篇内容的选择体现了人文情怀和实用性，呈现出比较完整的交际背景和人物关系。语篇形式包含口语(微信语音聊天、学生之间的日常对话等)、书面语等不同语体，还包含说明文、记叙文、日记、博客、记者采访稿、高中生作文、演讲稿等多种多样的文本体裁。通过接触和学习不同类型的日语语篇，有助于学生把握不同语篇的文体特征和语言表达特点，以便使学生能够用多样的日语表达自己的观点，有效地与他人进行交流和沟通。

3. 以任务为驱动，以学生的有效学习为中心，设计本课教学活动。

教材实践活动充分考虑"学生对此话题是否有兴趣，内容是否具有趣味性和挑战性、是否能引发学生的讨论"等原则，具有可操作性强、内容丰富多彩的特点。同时注重实践活动的真实性，通过讨论、调查、问答、辩论以及书写等多样的活动形式，培养学生由浅入深、循序渐进地发现、分析以及解决问题的能力。最终，通过"理解与梳理""表达与交流""探究与建构"三种路径，融入并贯穿对语言能力、文化意识、思维品质、学习能力四个学科核心素养的培养。以第三课为例，实践活动共分为三个步骤。

第一步主要以"表达与交流"为目的，通过此步骤的活动能够培养学生的语言能力，教师要引导学生调动已有的语言知识和背景知识，围绕给出的话题进行交流与表达。

第二步共有三个子任务，学生通过合作学习和"探究与建构"的方法来完成任务。此步骤的活动能够培养学生的文化意识、思维品质以及学习能力。教师可根据教学内容与授课时间来适当调整子任务，也可根据学生实际情况调整子任务的难易度。

第三步是基于前两个步骤的听、说、交流、归纳、发表观点等环节，请学生进行书面表达。在完成本环节的实践活动过程中，鼓励学生适当地运用信息通信技术。教师可根据实际教学情况来调整课上和课下所用时间、具体任务分配以及活动的顺序等。

2.3.3 中小学数字教材重要试点

随着近年来教育信息化的深入推进，数字教材作为推进信息技术与学科教学深度融合的重要工具，越来越受到重视。各地纷纷把数字教材建设和普及应用作为推进教育信息化的重要一环。以下分别介绍上海市、广东省、广西壮族自治区、宁夏回族自治区数字教材建设与应用的整体概况。

1）上海市

2013年，上海市启动"上海市中小学数字教材建设实验"项目，由上海市教育委员会教学研究室主持研究。为提升信息环境建设水平，加强技术与教学深度融合，深化信息化教学创新，上海市将数字教材建设与应用作为撬动教育变革、推动教育现代化的重要支点，持续深入地开展了近10年的实践研究，使数字教材逐步在全市范围内得到推广应用。2021年，上海市虹口区、普陀区、闵行区、杨浦区、金山区、松江区、宝山区和嘉定区共8个区成为数字教材整体试验区，另有94所小学和81所初中成为数字教材试验学校。研究坚持应用驱动和创新实践的基本思路，将信息技术从工具性的外生变量转变为教育性的内生变量，充分激发信息技术对教学的革命性影响，推动教学观念更新、模式变革、体系重构，实现规模化教育与个性化培养的统一。"上海市中小学数字教材建设实验"项目在提高教学质量、发展教师能力、提升学生素养、打造学校特色等方面均取得一定成效。

2）广东省

"广东省义务教育阶段国家课程数字教材规模化应用全覆盖工程"是广东省教育厅主导、南方传媒承建的广东省惠民工程。该工程依托"粤教翔云数字教材应用平台"建设实施。"粤教翔云数字教材应用平台"依据国家课程标准，以纸质教材为蓝本，将纸质教材数字版与数字化教学资源深度融合，向全省20个地市逾1,400万名义务教育阶段师生提供导向正确、内容严谨、资源丰富的数字教材，涵盖小学7个学科、初中12个学科，总量超过230册；并提供翻转课堂、问题解决、主题探究等多种创新教学模式支撑服务，实现了义务教育阶段全学科、全学段覆盖。该工程凭借优质数字内容，以及"教育+出版+技术"相融合的创新探索成果，被业界誉为中国教育数字出版的里程碑项目。

3）广西壮族自治区

为贯彻落实《广西"互联网＋教育"行动计划（2018—2022年)》，推动实施数字教育资源服务普及行动，构建数字教育资源公共服务体系，2020年9月，广西义务教育国家课程数字教材规模化应用工作正式启动。项目启动后，广西14个设区市一共举办了28场义务教育国家课程数字教材规模化应用市级骨干教师培训会。14,000多名中小学教师在培训会上接受了数字教材应用培训。2021年4月，广西义务教育数字教材应用专家研讨会在南宁召开。经教育厅精心遴选出的全区14个地市234位数字教材应用专家汇聚一堂，共同商讨数字教材主题研讨活动在广西的落地和实施方案。2021年8月，广西教育厅发起数字教材应用微视频征集活动，遴选优秀成果、分享应用经验，提升义务教育阶段教师应用数字教材的积极性，初步构建广西本地数字教材应用生成性资源库。

4）宁夏回族自治区

根据《宁夏回族自治区"互联网＋教育"示范区建设规划（2018年—2022年)》有关要求，到2022年建成"互联网＋"教育示范区，在教育资源共享、创新素养教育、教师队伍建设、学校党建思政、现代教育治理五个方面引领示范，形成一批可复制可推广的新时代"互联网+教育"模式。在此背景下，2021年5月，宁夏数字课程教材应用研究中心顺势而生。该中心构建起一套管理部门、教研单位、科研机构与企业深度合作的新模式，架起一道桥梁，形成多方多级联动机制，共同推动数字教材在宁夏的广泛应用，让广大教师了解数字教材，会用数字教材，用好数字教材，服务宁夏打造"互联网+教育"示范区战略。

2.4　中小学外语教材教师培训

为深入贯彻落实《中共中央国务院关于全面深化新时代教师队伍建设改革的意见》的文件精神，推进教师培训提质增效和教师队伍高质量发展，特别是随着新一轮课程改革和高考改革在全国范围内的全面启动，外研社、人教社和北师大出版社等国内各大外语教材出版机构在2020年至2021年期间相继开展多场围绕教材的教师培训。通过不断优化培训内容、创新培训模式，持续提升教材培训的针对性和实效性，引导广大教师在一线教学实践中更好地体现课程改革的教学理念和教学要求，从而全面实现立德树人根本任务。

2.4.1　外研社教材教师培训

外研社作为一家综合性文化教育出版机构，始终致力于推进我国基础外语教育的改革与发展。每年通过线上和线下相融合的方式，免费为教材使用区的英语教师提供多轮次、全方位的持续性培训服务。

2021年暑期，外研社面向《英语》(新标准)高中修订版教材使用区的高一和高二年级教师，特邀教材编写专家团队携手外研社编辑、培训师团队及教材使用区教研员和一线教师等，以主题讲座、课例分析、经验分享等形式，在线上开展了6天的研讨交流。19位专家学者通过对《高中课标》的深度剖析，帮助教师明确新课改的思路和要求；通过对教材深入细致的解读，从教学实际出发给予教师基于学科核心素养的教学实施建议；通过课例展示及分析，帮助教师优化特色板块教学的实施方法；通过教材使用经验分享，帮助教师认识、适应并积极应对新教材带来的心理变化和教学变化。

截至培训结束，直播累计观看点播量近10万，优质互动留言上万条，点赞数近70万。专家们深入浅出、娓娓道来的授课风格，系统化、多元化的课程设计，学术性和实用性兼具的培训内容，灵活便捷的参训形式得到了参训教师的一致认可和高度评价。

2021年4月—11月，外研社以教材为依托组织策划了5场线上"中学日语教师教学能力提升研修班"，由课标组核心成员、教材编者、中等日语设置校校长、资深中学日语一线教师担任主讲。培训主题涉及新课标、新高考、教材的编写理念与使用方法、课堂教学设计与管理、日语学科与资源建设、日语学科的育人目标等。培训范围辐射全国，参与研修的学校总数超过500所，累计参与研修的教师达1,500人次。培训促进了教师对新课标和新教材的理解和把握。

2021年7月16日—17日，全国基础外语教育研究培训中心多语种教育发展分中心和外研社共同主办"2021全国中学德语教师教学能力提升研习班"。来自全国38所学校的近50位德语一线教师参加了本次研习班。本次研习班形式丰富、内容充实，涵盖主旨报告、专题分享、听评课、教学工作坊和成果展示等多个环节，与会教师表示收获颇丰。

2.4.2 人教社教材教师培训

人民教育出版社是教育部所属的专业出版社，成立70余年，一直致力于基础教育教材和其他各级各类教材及教育图书的研究、编写、出版和发行，是基础教育教材编写出版的主力军之一。

人教社英语学科的教材与教师培训采用线下和线上相融合的形式，为教材使用地市提供有关课标解读、教材理念、教学实施等方面的专场培训，也就"英语语音教学""英语词汇学习""英语拼读学习""阅读策略"等进行全国或省市级专题培训。2020年至2021年期间，人教社针对小学英语教师及教材开展的培训主要聚焦在如下方面：人教版小学英语教材实施建议，即帮助教师强化学习与创新意识，进一步加深对人教版小学英语教材的理解，使其在教学过程中更加灵活、更具创造性地使用教材；小学英语语音教学，即通过教学策略的实施，帮助学生在体验理解中感悟和内化单词的发音规律；小学英语情境教学，即培养学生在真实的语境中习得英语语言知识与技能，形成关键能力和必备品格，打好英语语言学习的基础等。同时，人教社还为教师提供了丰富的数字培训资源。

人教社通过举办"人教日语空中教研"系列活动以及中学日语暑期培训等，开展人教版中学日语教材培训活动。培训汇集来自全国各地的中学日语教研员、培训专家、教育管理者和一线教师，共同探讨教材的编写、使用和评价等问题，并通过示范课细致地展示、分析和探讨教材的理解和使用。

2.4.3 北师大出版社教材教师培训

依托北京师范大学的学科和学术优势，北师大出版社以优质教育资源的集成、开发、提供和推广服务为宗旨，形成了结构合理、特色鲜明的终身教育出版框架，涵盖学前教育、少儿教育、基础教育、职业教育、高等教育、教师教育等领域。针对北师大版基础教育英语学科教材，北师大出版社每年组织北师大英语学院专家及其他业内专家为广大教材使用区的英语教师提供专业、优质的教材与教师培训服务。

2020年至2021年，北师大出版社针对英语学科初中学段的教师开展了主题丰富、实用性强的线上和线下教材培训。培训内容紧密围绕新课改理念下的教学实践，包括"英语学科单元整体教学设计""优化课堂提问策略，提升教学实效""2021年中考英语复习""中考英语完形填空和阅读理解专项复习"等专题研讨，为广大初中英语教师提供了强有力的教学支持，极大地促进了北师大版教材使用区的初中英语教师在实际教学中进一步用好教材，从而把核心素养与学科能力的培养落到实处。

第三章 职业院校外语教材建设

2021年4月，第一次全国职业教育大会成功召开。习近平总书记对职业教育工作作出重要指示强调，在全面建设社会主义现代化国家新征程中，职业教育前途广阔、大有可为。会后，教育部印发《关于学习宣传贯彻习近平总书记重要指示和全国职业教育大会精神的通知》，要求各地区各部门各学校把职业教育摆在更加突出的战略位置，聚焦重点任务，加快构建现代职业教育体系；要深化"教师、教材、教法"（以下简称"三教"）改革，"岗课赛证"综合育人，提升教育质量。2021年10月，中共中央办公厅、国务院办公厅印发《关于推动现代职业教育高质量发展的意见》。该文件主要内容是贯彻落实习近平总书记重要指示和全国职业教育大会精神，定位于破除职业教育改革发展的深层次体制机制障碍，推动职业教育高质量发展。文件指出，要巩固职业教育类型定位，构建现代职业教育体系，服务技能型社会建设。

随着《国家职业教育改革实施方案》《职业教育提质培优行动计划（2020—2023年）》《关于推动现代职业教育高质量发展的意见》等文件的落地实施，全国职业教育大会精神的贯彻，高等职业教育专科"三教"改革的深化，以及教育部一系列职业教育国家课程标准的出台，职业教育外语教材建设迎来了新的发展契机。

3.1　职业院校外语教材相关政策

2021年1月，教育部办公厅印发《本科层次职业教育专业设置管理办法(试行)》。文件指出，本科层次职业教育专业设置应体现职业教育类型特点，坚持高层次技术技能人才培养定位，进行系统设计，促进中等职业教育、专科层次职业教育、本科层次职业教育纵向贯通、有机衔接，促进普职融通。

2021年3月，教育部印发《职业教育专业目录（2021年）》(以下简称"《目录》")。教育部要求各职业院校根据《目录》及时调整和优化师资配备、开发或更新专业课程教材，以《目录》实施为契机，深入推进教师教材教法改革。新版《目录》将高职原有的"英语教育"专业更改为"小学英语教育"专业。

2021年3月，教育部颁布《高等职业教育专科英语课程标准（2021年版）》(以下简称"《高职课标》")。这是教育部自2000年10月颁布《高职高专教育英语课程教学基本要求(试行)》之后最新出台的指导高等职业教育英语教学的纲领性文件。新课标的颁布和实施具有重要的里程碑意义。新课标包括课程性质与任务、学科核心素养与课程目标、课程结构、课程内容、学业质量、课程实施六方面内容，主要有四大特点：一是体现了新精神新要求；二是凝练了学科核心素养；三是明确了学业质量要求；四是彰显了职业教育特色。

2021年7月，教育部办公厅印发《关于做好中等职业学校公共基础课程教材使用的通知》(以下简称"《通知》")。《通知》指出，为贯彻全国职业教育大会精神，按照《职业院校教材管理办法》《中等职业学校公共基础课程方案》和中等职业学校数学、英语等7门公共基础课程标准要求，经有关单位申报、形式审查、专家审议、面向社会公示、专家审读完善等程序，最终遴选了17家出版单位的44种教材入选建设名单。13家出版单位的32种教材入选首批中等职业学校公共基础课程教材，并于2021年秋季学期起开始选用。入选的中职英语教材出版单位分别是：外语教学与研究出版社、高等教育出版社和教育科学出版社。

《通知》强调，各地要高度重视教材书目和选用管理，中等职业学校公共基础必修课程教材须在国务院教育行政部门发布的国家规划教材目录中选用；及时做好教材发行和内容更新，严格规范教材出版和标识使用，稳步推进教材建设和质量保障。

2021年9月，国家教材委员会发布《关于首届全国教材建设奖奖励的决定》。经评审委员会评审、评选工作领导小组审定、国家教材委员会批准，评选出全国优秀教材（职业教育与继续教育类）特等奖3项、一等奖80项、二等奖317项。《新编实用英语（第五版）综合教程》《新视野商务英语视听说》（第三版）等10种英语教材分别获得一等奖或二等奖。

2021年12月，教育部办公厅印发《"十四五"职业教育规划教材建设实施方案》。"十四五"期间，将分批建设1万种左右职业教育国家规划教材，指导建设一大批省级规划教材，加大对基础、核心课程教材的统筹力度，突出权威性、前沿性、原创性教材建设，打造培根铸魂、启智增慧，适应时代要求的精品教材，以规划教材为引领，高起点、高标准建设中国特色高质量职业教育教材体系。

2021年12月，教育部办公厅发布《关于组织开展"十四五"首批职业教育国家规划教材遴选工作的通知》，启动"十四五"职业教育国家规划教材遴选工作。首批申报教材应为2019年1月1日（含）以后出版、再版、重印（以版权页信息为准）的中等职业学校、高等职业学校（含高职本科）公共基础课程教材和专业课程教材。教材实行两级申报、属地为主。教材第一主编（作者）所在单位会同教材出版单位向第一主编（作者）单位所在地省级教育行政部门申报。

3.2 职业院校外语教材出版概况

2021年是"十三五"职业教育国家规划教材正式投入市场的第一年。根据《职业院校教材管理办法》，职业院校教材需要根据学制进行修订。"十三五"职业教育国家规划教材中不少教材到2021年已过三年期限。此外，2021年教育部颁布《高职课标》后，一些教材也根据新课标进行了修订。总体而言，2021年出版的高职英语教材主要是已有教材的更新版和修订版，全新教材数量相对较少。新教材包括体现新理念、新模式的教材以及与1+X证书考试配套的特色教材等。

2021年7月，教育部公布了《首批中等职业学校公共基础课程教材目录》，并要求各省级教育行政部门指导区域内中等职业学校从2022年秋季学期起全部选用新教材。承担中职英语国家规划教材出版任务的出版机构陆续出版了一批符合新课标要求、适合中职英语教学需求、职业教育特色鲜明、配套资源齐全的中职英语教材。

3.2.1 职业院校英语教材

3.2.1.1 中职英语教材

外研社版《英语》(中等职业学校公共基础课程教材)

2021年7月，外研社出版"十四五"职业教育国家规划教材(中等职业学校公共基础课程教材)《英语》。该系列教材分为基础模块(共两册)、职业模块(服务类和工科类各一册)和拓展模块(一册)三大部分。教材精选题材内容，注重立德树人、价值引领，将中华优秀文化和世界多元文化有机融入选材和活动设计。教材包含真实情境中的各类应用性文体及多模态语篇，紧密结合学生生活经验和未来职业需求，突出职业教育类型特征。活动设计注重引导学生综合运用语言知识和技能，解决沟通中的实际问题，促进学生英语学科核心素养的提升。教材配套资源丰富，包括练习册、课课练、音频、视频等学生资源，教师用书、电子教案、PPT教学课件、TOP交互式课件等教师资源，以及外研随身学职教版APP、线上资源库等数字资源，满足信息化时代英语学习的个性化需求，使课堂学习延伸到课外，线下与线上充分融通。

高教社版《英语》(中等职业学校公共基础课程教材)

2021年8月，高等教育出版社(以下简称"高教社")出版"十四五"职业教育国家规划教材(中等职业学校公共基础课程教材)《英语》。系列教材包括基础模块、职业模块、拓展模块三部分，学生用书共六册，其中基础模块三册，职业模块分为工科类和服务类各一册，拓展模块一册。教材全面落实立德树人根本任务和学科核心素养的培养，覆盖了新课标规定的主题话题，设计了与学生未来职业密切相关的各类教学场景和学习活动，具有明显的职业特色。教材配备的教学资源涵盖教师资源和学生资源，可满足中职英语教学需求。

3.2.1.2 高职英语教材

1）根据《高职课标》，改版升级经典教材

坚持立德树人，增设课程思政板块

为贯彻落实《高职课标》要求，助力职业院校英语课堂落实课程思政，各出版机构对经典教材进行改版升级，增设课程思政内容。例如，外研社出版的《新视野英语教程》(新智慧版)、《新技能英语》(新智慧版)、《捷进英语》(新智慧版)、《新生代英语》(第二版)等紧扣《高职课标》要求，分别以文化附录和文化板块的形式增设China Story(中国故事)、Chinese Corner(中国之角)、The Wisdom of China(中国智慧)等课程思政板块，立足品格塑造、中华优秀传统文化、中国道路、职业理想、科技成就等多个角度，从价值塑造、知识传授和能力培养三方面落实课程思政，培养学生用英语讲述中国故事、传播中国文化的能力，帮助学生塑造正确的世界观、人生观、价值观。

借助信息技术，丰富教材配套资源

2021年，高职英语教材在配套数字资源建设方面进行了更多有益探索，积极构建"线上+线下"的外语教学生态。除了电子课件、电子试题、数字课程外，很多出版机构还开发或者升级了二维码平台、智慧教学云平台、背单词小程序等，完善音视频资源及数字课程的配套资源，积极适应数字技术赋能英语教学的趋势。例如，高教社出版的《畅通英语》(全新版)配有iSmart外语学习平台和背单词小程序；外研社出版的《新时代职业英语》《新职业英语》(第三版)等配有U校园智慧教学云平台、iTEST智能测评云平台、U词APP等；外教社出版的《新标准高职公共英语系列教材》配有TOP课件、WE Learn、"爱听外语"等数字资源，帮助学生更好地掌握语言知识和技能。

2）基于行业发展，精选教材内容

为体现行业新知识、新技术、新工艺、新方法，高职英语教材在新编或修订时优选或更新教材内容，提升教材的实用性和时代性，以更好地服务经济社会的高质量发展。例如，外研社出版了《新时代职业英语：酒店英语》《新时代职业英语：传媒英语》等专业英语系列教材。该系列教材根据不同专业的典型工作岗位对英语的实际需求编写，语料选自真实的专业文本以及产品说明书，体现行业新兴技术；同时，关注中外不同文化背景下工作模式的差异性，提高学生的跨文化意识和职业素养，为培养更多符合新时代发展需要的技术技能人才提供有力支撑。此外，外研社出版的《新职业英语(第三版)物流英语》《新职业英语(第三版)化生英语》等，基于不同领域的技术更新情况，由行业、企业和教学人员联合策划，将业界新动态和新技术及时反映在教材中，提升教材的实用性和适用性，为学生未来的职业发展增加有效的知识储备。外教社出版了《新标准高职公共英语系列教材：轨道交通英语》，结合当前我国高职院校教育教学改革和轨道交通各专业建设的具体情况，融合专业领域的最新发展，围绕车、机、工、电相关岗位设置真实工作任务，以满足轨道交通职业对英语的需求。高教社出版了《行知行业英语：房屋建筑》《行知行业英语：艺术设计》等多个分册。该系列教材的学习素材源自真实的职场情境，体现了行业的最新发展。

3）基于教学需求，优化教材设计

职业教育教材的更新不仅要基于政策和行业的发展，还要从学生的实际使用需求出发，打造易教利学的优质教材。2021年，各出版机构基于教学实际需求，不断优化教材设计。例如，外研社在广泛调研的基础上出版《乐学英语视听说基础教程》和《乐学英语视听说高级教程》，以满足市场对高职英语视听说教材的多样化需求。教材中的话题与生活和职场紧密对接，还配备了体现真实交际场景的动画视频，帮助学生提升英语交际能力，体现了技术赋能教学的发展趋势。外教社出版《新标准高职公共英语系列教材：实用综合教程》(第三版)。该教材在新版本中调整了单元内容结构，更新了练习形式，使教材更贴合教学的实际需求，提升教材整体的互动性和趣味性。同时，增加了基础写作模块，与原有的实用写作模块相辅相成，使教材内容更加完整。北京语言大学出版社出版《新航标职业英语：英语视听说教程》。该教材从国外原版引进并经一线高职英语教师改编，以高职"分层教学"原则为指导，重点锻炼学生的英语听说能力，特别是互动交际和口语表达能力，帮助学生将其应用到真实的学习、工作和生活情境中。

4）服务"岗课赛证"，推进1+X证书落实

为贯彻落实教育部等部门联合印发的《关于在院校实施"学历证书+若干职业技能等级证书"制度试点方案》文件精神，推进书证融通方案的落实，外研社于2021年推出了VETS考试配套教材《职场实用英语交际教程》。该系列教材包含初级、中级、高级三个级别，各级别培养能力与《实用英语交际职业技能等级标准》及实用英语交际职业技能等级考试相对应，帮助学生逐步实现准确执行、优化选择、设计创造的职业能力进阶。

3.2.2 职业院校多语言教材

2021年12月，教育部组织开展"十四五"首批职业教育国家规划教材遴选工作。外研社送审《致用日语》《标准商务基础日语》两套教材。这两套教材已获评主编所在省份的省级"十四五"职业教育规划教材。

此外，各出版机构积极进行多语言教材的出版与送审工作。例如，外研社于2021年4月出版了《跨境电商日语教程》。在电子商务发展日益壮大的背景下，跨境电商外语人才，特别是非通用语种人才的需求与日俱增。该教材作为高职高专日语专业应用型方向的主要教材，将实际电商操作方面和相关日语学习方面的内容有机融合，充分体现了"实用性、创新性、全面性"，满足了高职高专日语专业高年级电商方向教学的需求。

表3.1 2021年职业院校外语教材出版一览表

课程类型	教材名称	主编	出版社	出版时间
中职公共基础课程	英语	闫国华	外语教学与研究出版社	2021年7月
	英语	赵雯	高等教育出版社	2021年8月
	英语	陈亚平	教育科学出版社	2021年8月
高职公共基础课程	新视野英语教程（第三版）听说教程1-3（思政版）	郑树棠	外语教学与研究出版社	2021年5月
	新视野英语教程（第三版）读写教程1-3（思政版）	郑树棠	外语教学与研究出版社	2021年5月
	新视野英语教程（第三版）听说教程1-4（新智慧版）	郑树棠	外语教学与研究出版社	2021年5月

（待续）

（续表）

课程类型	教材名称	主编	出版社	出版时间
高职公共基础课程	新视野英语教程（第三版）读写教程1-4（新智慧版）	郑树棠	外语教学与研究出版社	2021年5月
	新技能英语基础教程1-3（思政版）	张连仲	外语教学与研究出版社	2021年5月
	新技能英语高级教程1-3（思政版）	张连仲	外语教学与研究出版社	2021年4月
	新技能英语高级教程1-4（新智慧版）	张连仲	外语教学与研究出版社	2021年6月
	新生代英语（第二版）入门教程	顾日国	外语教学与研究出版社	2021年6月
	新生代英语（第二版）基础教程1-2	顾日国	外语教学与研究出版社	2021年6月
	新生代英语（第二版）高级教程1-2	顾日国	外语教学与研究出版社	2021年12月
	捷进英语综合教程1-3（新智慧版）	石坚	外语教学与研究出版社	2021年7月
	新职业英语（第三版）土建英语	徐小贞	外语教学与研究出版社	2021年1月
	新职业英语（第三版）汽车英语	徐小贞	外语教学与研究出版社	2021年1月
	新职业英语（第三版）医护英语	徐小贞	外语教学与研究出版社	2021年1月
	新职业英语（第三版）机电英语	徐小贞	外语教学与研究出版社	2021年1月
	新职业英语（第三版）经贸英语	徐小贞	外语教学与研究出版社	2021年1月
	新职业英语（第三版）物流英语	徐小贞	外语教学与研究出版社	2021年7月
	新职业英语（第三版）旅游英语1	徐小贞	外语教学与研究出版社	2021年7月
	新职业英语（第三版）市场营销英语	徐小贞	外语教学与研究出版社	2021年8月
	新职业英语（第三版）化生英语	徐小贞	外语教学与研究出版社	2021年8月
	新时代职业英语：通用英语2	鲁昕	外语教学与研究出版社	2021年2月
	新时代职业英语：酒店英语	鲁昕	外语教学与研究出版社	2021年5月
	新时代职业英语：艺术设计英语	鲁昕	外语教学与研究出版社	2021年8月

（待续）

（续表）

课程类型	教材名称	主编	出版社	出版时间
高职公共基础课程	新时代职业英语：医护英语	鲁昕	外语教学与研究出版社	2021年8月
	新时代职业英语：传媒英语	鲁昕	外语教学与研究出版社	2021年8月
	乐学英语视听说基础教程（上册）	方芳、贺婧	外语教学与研究出版社	2021年8月
	乐学英语视听说高级教程（上册）	乐学英语编写组	外语教学与研究出版社	2021年5月
	新标准高职公共英语系列教材：实用综合教程（第三版）1-3	王守仁	上海外语教育出版社	2021年3月
	新标准高职公共英语系列教材：实用听说教程（第三版）1-3	陈龙	上海外语教育出版社	2021年5月
	新标准高职公共英语系列教材：轨道交通英语	刘励、邱瑾	上海外语教育出版社	2021年12月
	畅通英语（全新版）初级教程	常红梅、王朝晖	高等教育出版社	2021年9月
	畅通英语（全新版）进阶教程	常红梅、王朝晖	高等教育出版社	2021年9月
	畅通英语（全新版）中级教程	常红梅、王朝晖	高等教育出版社	2021年9月
	畅通英语（全新版）高级教程	常红梅、王朝晖	高等教育出版社	2021年9月
	行知行业英语：房屋建筑	《行知行业英语》改编组	高等教育出版社	2021年3月
	行知行业英语：艺术设计	《行知行业英语》改编组	高等教育出版社	2021年3月
	新航标职业英语：英语视听说教程入门级1-2	常红梅	北京语言大学出版社	2021年2月
	新航标职业英语：英语视听说教程提高级2	常红梅	北京语言大学出版社	2021年2月
	新航标职业英语：英语视听说教程拓展级2	常红梅	北京语言大学出版社	2021年2月
1+X证书配套教材	职场实用英语交际教程初级	曾用强	外语教学与研究出版社	2021年4月
	职场实用英语交际教程中级	曾用强	外语教学与研究出版社	2021年4月
高职商务英语专业课程	新航标职业英语：商务英语听说教程1-2	廖华	北京语言大学出版社	2021年4月
高职日语应用型课程	跨境电商日语教程	黄旻婧	外语教学与研究出版社	2021年4月

3.2.3 职业院校数字教材

在信息技术与职业教育不断加深融合的背景下，为贯彻《国家职业教育改革实施方案》《职业教育提质培优行动计划（2020—2023年）》以及2021年全国职业教育大会精神，职业院校教材建设不仅重视内容建设，而且重点关注技术发展带来的教学内容与方式的变化，将数字技术视作教材发展的重要支撑，以推动职业院校教育教学变革创新，建设智慧教学新形态。2021年全国主要职业院校数字教材的特色体现在以下四个方面。

3.2.3.1 坚持文化引领，落实立德树人

《中等职业学校英语课程标准（2020年版）》提出，中等职业学校英语课程目标之一是"能用英语讲述中国故事，促进中华优秀文化传播"。《高职课标》提出，高等职业教育专科英语课程目标之一是"通过文化比较加深对中华文化的理解，继承中华优秀文化，增强文化自信；坚持中国立场，具有国际视野，能用英语讲述中国故事、传播中华文化"。这就要求英语课程与思政教育有机融合，寓价值观引导于知识传授和能力培养之中，落实立德树人根本任务。

为实现语言与育人的有机融合，外研社2021年全新推出《新技能英语》(思政版)纸质教材和数字教材，贯彻落实中职和高职新课标，在教材设计和编写中融入中华优秀传统文化，培养学生用英语讲述中国故事、传播中国文化的能力。数字教材中的课程思政补充资源实现线上实时更新，满足个性化教学和学习需求，使课程思政与时代发展、现实生活和英语学习深度融合，为广大英语教师在英语教学中融入课程思政提供丰富的资源支持。此外，外研社的《新视野英语教程(第三版)》(思政版)、《捷进英语》(新智慧版)等数字教材相继上线，新增Chinese Wisdom、Chinese Corner、Words of Wisdom和The Key Numbers等具有鲜明中国文化特色的板块，助力职业院校英语课堂落实课程思政。

3.2.3.2 支持智能教学，实现因材施教

随着互联网技术与教育的深度融合，推动智慧课堂建设成为职业教育改革发展的重要命题。近年来，数字教材受到各大院校的重视，成为推动"课堂革命"的关键一环。借助数字教材，各院校线下与线上融合、课内与课外融合，充分满足新时代智慧学习的新诉求，发挥教师在教学过程中的引导与启发作用，调动学生作为学习主体的积极性与创造性。

以外研社《新时代职业英语》为例，该系列数字教材依托U校园智慧教学云平台，积极探索线上线下混合式教学。课前，教师明确教学目标，布置自主学习任务；课中，教师充当引导者角色，构建多元化授课模式，引导学生知识输出，深入探究主题内容；课后，教师发布作业和测试，帮助学生巩固并拓展知识，通过结果数据反思教学过程，不断优化教学方法。数字教材中内置的口语、写作智能评测工具，以及对在线时长、学习进度、学习成绩等数据的记录和分析，可以动态反映教学状态与变化趋势，助力职业院校开展形成性评价改革，构建更为合理的教学、学习路径，为教师、学生提供定制化、智能化的服务，实现个性化教学。借助数字教材搭建起的智慧课堂，不仅改变了传统的"教师传递—学生接受"的教学模式，还使课堂内容得到了纵深拓展，提高了学生的学习兴趣与学习质量。

3.2.3.3 多终端适配，实现泛在化学习

相较于纸质教材发行环节多、耗时长、携带不便等局限，数字教材基于便捷的网络远程传输和便携式阅读终端，能够存储全部数字内容，方便师生随时随地获取教材内容。

例如，外研社《新生代英语》系列数字教材以"分类优秀，情感教学，素养提升"为主要理念，融"教、学、做"为一体，以学生的未来职业发展和个人可持续发展为立足点构建教学内容体系，通过科学严谨的

内容设计和丰富完善的教学资源，全方位助力职业院校英语教学。教材无缝衔接多终端，通过移动端与 PC 端双向融合，适应不同教学场景，全方位满足在线学习、课堂互动、教学管理的需求，有效提高教学和学习效率。学生可利用碎片化时间，通过移动端数字教材预习课文、练习口语，完成、提交作业并查看成绩反馈，参与师生互动；教师则能够更加方便地布置作业、预习、讨论等任务，并随时查看学生的任务完成情况，给予学生反馈。

表 3.2 2021 年职业院校外语数字教材一览表

课程类型	教材名称	主编	出版社	上线时间
高职公共基础课程	新时代职业英语（通用篇）：通用英语 2	鲁昕	外语教学与研究出版社	2021 年 3 月
	新视野英语教程（第三版）听说教程 4	郑树棠、李思国	外语教学与研究出版社	2021 年 3 月
	新视野英语教程（第三版）读写教程 4	郑树棠、周国强	外语教学与研究出版社	2021 年 3 月
	新视野英语教程（第三版）读写教程 1（思政版/新智慧版）	郑树棠、胡全生	外语教学与研究出版社	2021 年 7 月
	新视野英语教程（第三版）读写教程 2（思政版/新智慧版）	郑树棠、周国强	外语教学与研究出版社	2021 年 9 月
	新视野英语教程（第三版）读写教程 3（思政版/新智慧版）	郑树棠、胡全生	外语教学与研究出版社	2021 年 9 月
	新视野英语教程（第三版）听说教程 1-3（思政版/新智慧版）	郑树棠、李思国	外语教学与研究出版社	2021 年 7-9 月
	新技能英语基础教程 1-3（思政版）	张连仲	外语教学与研究出版社	2021 年 9 月
	新技能英语高级教程 1-3（思政版/新智慧版）			
	新生代英语（第二版）基础教程 1-2	顾曰国	外语教学与研究出版社	2021 年 9 月
	捷进英语综合教程 1-3（新智慧版）	石坚	外语教学与研究出版社	2021 年 9 月
	新标准高职公共英语系列教材：实用综合教程（第三版）1	王守仁	上海外语教育出版社	2021 年 2 月
	新标准高职公共英语系列教材：实用听说教程（第三版）1	陈龙	上海外语教育出版社	2021 年 2 月
高职商务英语专业课程	超越英语专业篇综合教程 3	唐克胜	外语教学与研究出版社	2021 年 4 月

由于移动端具有操作便捷、反应迅速、携带方便等优点，各教材出版机构都在加快移动端的研发和优化，并结合数字教材自身特色，推出移动端数字教材。例如，外教社的《新标准高职公共英语系列教材：实用综合教程(第三版)1》数字教材仅支持移动端，学生可以随时随地完成学习训练、参与师生互动，有效利用碎片时间进行泛在学习；借助智能语音评测、智能写作评阅技术，在课堂外进行多样化、个性化的自主训练，得到即时反馈，实现有效提升。

3.2.3.4 拓展数字资源，满足多样化需求

纸质教材所承载的学科知识和信息资源有限，难以满足职业院校学生拓展延伸的学习需求。考虑到职业院校通用英语阶段的学习目标与特点，各类"智慧版"数字教材围绕核心知识点及学习路径，研发形式丰富的线上拓展资源，帮助职业院校构建丰富多元、科学合理的职业英语课程体系，促进教育技术与教学内容的深度融合，实现智慧教学与智慧学习，引领职业院校外语教育与人才培养不断创新，满足时代需求，体现时代特色。

例如，《新视野英语教程》(第三版)系列数字教材在满足学生课内学习的基础上，提供丰富、多元的数字课程，满足职业院校学生英语考试专训、英语专项技能提升、商务职场英语应用能力提升等多元化的学习需求。课程包含详细的微课讲解和丰富的训练题目，满足不同水平、不同专业、不同类型的英语学习者的需求，有效弥补了纸质教材在内容和形式上的不足。数字教材配套的多元课程不仅能帮助学生合理利用课外时间，提升专项技能，还能够培养学生的自主学习习惯，满足英语学习的个性化需求。同时，教师通过使用U校园智慧教学云平台的教学管理功能，可以随时监控学生学习进度和学习成绩，快速及时给予学生反馈，实现线下与线上、课堂教学与自主学习的无缝对接。

3.3　职业院校外语教材使用案例

3.3.1　河南轻工职业学院：明确教材定位，促进跨学科学习

在综合职业教育发展趋势、院校目标定位以及职业教育人才培养理念的基础上，河南轻工职业学院新开设了以《人工智能英语》教材为依托的计算机专业英语课程。

该校对教师和学生进行了教材使用情况调研。教师和学生都对教材给予了积极的评价。教师认为，《人工智能英语》将语言学习与专业知识、技术场景、价值引领相结合，有利于实现让学生了解人工智能领域的基础知识、切实提高专业英语阅读能力的教学目标。教材采用"产品说明书—场景对话—一般对话—语法—单词"的编写模式，内容紧跟时代热点话题，结构清晰、主次分明、逻辑完整，不仅便于教师开展课堂教学活动，还具有很强的实用性和通用性。

学生认为，学习《人工智能英语》不仅有助于他们提高英语能力，激发深入学习专业领域知识的热情，还使他们学到了很多新的学习方法，例如时间轴、类比思维、思维导图、脉络图等。书本全彩的设计、丰富的插画增强了阅读的趣味性。多样的学习活动，如每章最后的Fun Reading，锻炼了学生解决问题的能力。

结合教学与学生学习情况，该校表示，教师应注重在教学中对学生进行思想观念上的引导，明确教材作为以英语语言为载体的人工智能领域知识读本的定位，帮助学生认识到学习掌握人工智能知识的重要性。该校在大二阶段开设《人工智能英语》课程的同时，平行开设英语基础课程、综合课程作为支撑，以促进跨学科学习，帮助学生在能力和知识上同步提升。

3.3.2　山西华澳商贸职业学院：深挖教材理念，促进成果转化

山西华澳商贸职业学院结合教学环节和语言技能的培养目标，充分利用《捷进英语》教材，深挖内涵，提炼精髓，丰富课堂，转化成果。

第一，深挖教材理念特色，贯穿备授课全过程。《捷进英语》教材内容从校园生活到社会交际再到全球视野，与时代主题息息相关，极大地丰富了学生视野，也为开展课程思政提供了条件。该校在教学中实践"微学习"，考虑学生的思维习惯和学习习惯，重应用、轻语法，帮助学生快乐学习，将知识转换为智慧。

第二，线上资源与思政素材相结合，提升授课质量，提高学生能力。教师在授课过程中，不仅积极利用U校园智慧教学云平台等配套教学资源，实践线上线下混合式教学，促进智慧课堂的建设与发展，同时还参照教材单元结构增加相关思政教学素材，使学生实现英语技能、文化知识以及职业应用的全方位提高。如在《捷进英语综合教程2》第一单元中，以虚拟世界为切入点，提出社交媒体、网络游戏、真人秀等现实话题，贴近学生生活，引起学生共鸣，同时进一步引导学生理性上网、正确认识自己、加强与现实世界的联系等，在寓教于乐中提高学生的思想素质。

第三，课堂成果转化，教、研、赛、学相得益彰。在深挖教材理念的同时，该校悉心总结教学经验，将课堂教学转化为科研实践。不仅参研课程思政课题，还参与多项英语教学大赛并取得佳绩，实现了以赛促学、以研促教，教、研、赛、学相得益彰的良好效果。

3.3.3　湖北生物科技职业学院：分层使用教材，完善多元评价

为满足高等职业教育专科英语教学的需求，在学时有限、生源基础不一的形势下，湖北生物科技职业学院基础课部英语教研室结合课程特点，

灵活运用《新技能英语》系列教材实施分层教学，并充分利用立体资源，优化教学设计，进行多元评价，以达到综合提升教学能力、优化教学效果之目的。该校基于学情，利用《新技能英语》系列教材的基础教程注重中高职衔接、高级教程注重普职互通的特点，分别采用基础教程和高级教程的学生用书和综合训练，解决了学生层次不一、教学滞涩的痛点问题。该校根据教材单元内容板块，依托U校园智慧教学云平台，将听说读写学习内容的课前、课中和课后三环节考核纳入课程评价体系中，将形成性评价和过程性评价有效结合，形成多元课程考核评价方式，以促进学生学习效果和老师教学效果的提升。同时，该校英语教师集中研读《新技能英语》系列教材的体例及语料，挖掘思政元素，在课程思政方面积极探索，做到思政内容与教材紧密结合，不堆砌、不拼接。

3.4 职业院校外语教材教师培训

3.4.1 中职英语教学培训

2021年，外研社在中职英语的教研、教学、教材等方面开展了一系列培训活动。

3.4.1.1 中职英语联合教研活动

2021年9月11日，北京外国语大学中国职业外语教育发展研究中心、北京外国语大学外研培训中心和外研社联合举办了"2021年开学季中职英语联合教研活动"。2,500余名教研机构负责人与英语学科教研员、中等职业学校教务处与科研处负责人、英语学科带头人与骨干教师齐聚，深入解读新课标理念，交流探索新教材实践，共同迎接新学期的机遇与挑战。

研修分为四大模块。教育部职业技术教育中心研究所(以下简称"教育部职教所")涂三广教授首先以"新时代我国'双师型'教师队伍建设的理念与路径"为题,对新时代"双师型"教师的内涵、类型定位与行业优先的"双师型"教师理念、"双师型"教师队伍建设的理想发展路径等方面进行了深入阐述,并指出国家政策中关于"双师型"理念的四个标准——师德为先、学生为本、能力为重、终身学习。北京外国语大学张连仲教授以"新时代,新教材,新实践——解学情、重感情、做事情"为题,对中职英语教育策略进行了全面分析。张教授指出,职业教育与基础教育在学生来源、学习生态、学成出口上都有明显不同,因此,职业教育教材的研发与课堂运用都必须以学生为出发点,做到"解学情、重感情、做事情"。北京外国语大学杨鲁新教授以"创设有效课堂,落实语言学习"为题,以外研社版中职《英语》教材第五单元为案例,为教师们梳理教与学的关系,指导教师解决实际教学问题,并从英语课堂教学中常见的教学问题入手,指出教学活动设计应始终考虑学生的实际情况和吸收效果,并强调在职业英语教学中,不仅应给学生提供机会学习语言,更应促使学生深入思考。最后,宁波市镇海区职业教育中心学校的倪捷鸣老师带来了基于学科核心素养培养的课堂案例展示,杨鲁新教授对案例进行点评,指出将课堂内容与学生生活经验联系,有利于引导学生建立学习兴趣,提高学习效率。各特邀教研员也对课堂案例作了细致的点评,并结合新课标的课程结构六要素对课堂案例提出了建设性意见;他们表示在中职英语课堂教学中,启发性问题必不可少,引导学生通过比较、分析、判断、综合等高阶思维活动参与学习,更有利于培养学生的思维能力。

3.4.1.2 中职英语课堂教学探究

2021年,外研社在中职英语课堂教学探究方面举办了多场讲座,致力于为广大中职外语教师的课堂教学带来启发和帮助,提供交流互动的平台。

1月22日，"外研社·U讲堂社区"邀请上海市工商外国语学校谢永业老师作题为"中职英语核心素养落实系列：基于艺术视角和技术路径优化中职英语课堂教学"的讲座。谢老师基于中职学生的现实状况，结合个人多年教学经验，分享了自己如何基于艺术视角和技术路径，探索在中职英语课堂进行兴趣教学。谢老师提出，艺术与教学的结合对教学效果的提升有很大帮助，艺术与课程的融合实施有利于学生的学习能力、高层次思维能力和创新能力的提升，不仅能够提高学习活动的参与度，还能优化教学效果，提升学生的艺术修养。

8月24日，"外研社·U讲堂社区"特邀山东师范大学张媛教授作题为"思辨视角下中职英语新课标和课堂教学探究"的主题讲座。张教授结合中职新课标分析了思辨能力培养在中职英语教学中的重要意义，并以外研社中等职业学校公共基础课程教材《英语基础模块1》为例，向老师们详细展示了教师在英语课堂中融入思辨能力培养的教学设计与深入思考。张教授认为，教师需要对教材进行深入挖掘，以拓展学生思维，升华教学主题，扩大学生对知识的应用范围。在语言教学中，教师要注重观察学生的认知水平差异，通过对比知识点等教学方法激发学生深入思考。教学过程应从现象到理论，从具体到抽象，从感知到认知，最终实现思辨能力和语言能力的协同发展。

3.4.2　高职英语课程标准培训

2021年4月，教育部印发了《高职课标》。为帮助全国职业院校英语教师深入学习新课标，全面理解新课标对高职英语教学的新要求，把握新时期新型人才培养方向，深化高职英语教学改革创新，各高校及各大外语类出版机构举办了多场课标培训活动。

3.4.2.1 2021高教社高等职业教育专科英语课程标准培训

2021年4月9日，由教育部职教所主办、高等教育出版社承办的"高等职业教育专科英语、信息技术课程标准培训"在线上举办。开幕式上，教育部职教所所长王扬南首先介绍了课标的研制背景，并结合课标的总体要求阐明了课标颁布与实施的里程碑意义。随后，教育部职业教育与成人教育司教学与质量处副处长董振华详细阐释了当前职业教育改革发展的新形势、课标研制的背景和主要内容，以及落实课标的工作思路。教育部职教所副所长曾天山作了题为"基于课标深化'三教'改革 提高高职育人质量"的主题报告。报告明确了课标对促进高职教育教学改革的作用，介绍了课标的研制过程，阐明了率先发布英语、信息技术课程标准的战略性思考，分析了从教学要求到课程标准的深刻变化、高职课标与普通高校专业教学标准的异同等，并对有效衔接中职、职教本科课标，以及创造性应用课标提出针对性建议。在后续培训活动中，新课标研制组组长、北京外国语大学文秋芳教授对课标特色进行了阐释。新课标研制组副组长、北京联合大学常红梅副校长解读了课标的课程实施部分。新课标研制组成员、东南大学李霄翔教授与深圳职业技术学院马俊波教授则分别解读了课标的学业质量和词汇表部分。

3.4.2.2 2021外研社新时期·新课标·新征程——解读《高等职业教育专科英语课程标准（2021年版）》系列讲座

为帮助全国职业院校英语教师深入学习《高职课标》，全面理解新课标的内容、意义及其对高职英语教学的新要求，2021年4月14日—5月8日，北京外国语大学中国职业外语教育发展研究中心和外研社邀请高等职业教育英语课程标准研制组专家，开展了连续4期的"新时期·新课标·新征程——解读《高等职业教育专科英语课程标准（2021年版)》"

系列公益讲座。

第一期讲座特邀新课标研制组组长、北京外国语大学文秋芳教授解读新课标。文教授分别从高等职业教育英语课程性质与任务、英语学科核心素养培养以及新课标课程结构、课程内容、学业质量和课程实施等方面对新课标进行了细致、充分的解读，并详细介绍了高职英语学科四大核心素养的内涵和确立过程。第二期讲座中，新课标研制组副组长、北京联合大学副校长常红梅教授以"落实《课标》精神，推动高职公共外语教育高质量发展"为主题，分别从教学要求、学业水平评价、教材编写要求、课程资源开发与利用、教师发展和教学管理六个方面对新课标的"课程实施"部分进行了详细解读。第三期讲座中，新课标研制组核心成员、深圳职业技术学院商务外语学院马俊波教授以"落实《课标》要求，完善课程设置"为主题，深入解读新课标的"课程结构"部分。第四期讲座中，新课标研制组副组长、首都师范大学科德学院国际文化学院院长王志教授重点解读了新课标的特色、内涵和实施路径。

3.4.2.3 外教社第十五届全国高职院校英语教学高级论坛

2021年4月10日，由教育部职业院校外语类专业教学指导委员会主办、外教社承办的第十五届全国高职院校英语教学高级论坛在上海召开。论坛围绕新发布的《高职课标》，外语教学的任务、育人路径、人才培养模式，产学研一体化等议题展开，进行了多场报告。教育部职业院校外语类专业教学指导委员会副主任委员、首都师范大学科德学院国际文化学院院长王志教授围绕新课标的内容、特点及修订过程作了题为"中国职业教育与高职英语课标"的报告，指出职业教育已迈入提质培优、增值赋能的新发展阶段，新课标引入了新的课程性质与任务、新的学科核心素养与目标、新的课程结构及课程内容等。上海外国语大学梅德明教授作了题为

"英语课程的育人价值及实现路径"的报告，提出人才培养要着眼于文化基础、自主发展，要强调综合培养，强调文化意识、语言能力、思维品质和学习能力的结合。教育部职教所副所长曾天山教授作了题为"'岗课赛证融通'培养高技能人才的实践探索"的报告，表示高技能人才是国家重要战略资源，经济高质量发展迫切需要大批高技能人才，并以三所职业院校为例，具体描述了运用"岗课赛证融通"模式培养高技能人才的有益实践。

3.4.3 高职英语教学中的课程思政培训

《高职课标》中指出："高等职业教育专科英语课程要全面贯彻党的教育方针，落实立德树人根本任务。教师要充分发挥英语课程的育人功能，将课程内容与育人目标相融合，积极培育和践行社会主义核心价值观。"这就要求英语课程要与思政教育有机融合，寓价值观引导于知识传授和能力培养之中。

为落实新课标中对立德树人根本任务的要求，全面推进课程思政高质量建设，"外研社·U讲堂社区"邀请北京外国语大学杨鲁新教授为职业院校教师开展了课程思政专题讲座。

3.4.3.1 高职院校外语教学中的课程思政：理念与实践

为帮助教师深刻理解外语课程思政教学的内涵及目标，引导教师自觉探索外语课程思政建设规律，杨鲁新教授以"职业院校外语教学中的课程思政：理念与实践"为题，阐述了课程思政的意义、价值本源、生成路径以及教学实操等方面的内容。

杨教授指出，所有课堂都有育人功能，要用好课堂教学这个主渠道，使各类课程与思想政治理论课同向同行。对于什么是"课程思政"，杨教授认为课程思政就是"将思想政治教育渗透到知识、经验或活动过程中"，这一过程是"价值理性和工具理性的统一"。杨教授强调，教师不仅要系统而科学地传授知识，还要重视建立知识与人、与生活多向度的交融关系。杨教授分享了自己对于"课程思政"的生成路径的思考，指出教师是"课程思政"生成的关键因素，教材建设是育人育才的重要依托，充分挖掘课程中的思想政治教育资源是重要手段。杨教授带领教师学习了课程标准，并结合自身教学经历，生动全面地讲解了职场涉外沟通、多元文化交流、语言思维提升、自主学习完善这四个学科核心素养中所蕴含的思政元素。随后，杨教授再次强调了教师在课程思政实施中的核心作用，认为"成为高素质创新型教师的重要能力之一就是课程设计能力"，并从课程设计的"需求""环境"和"原则"三大要素出发，结合具体教学案例剖析了这些要素的具体内涵和相互联系。基于这三大要素，杨教授展示了自己的课程设计思路，并强调教师要学会在课程设计中将课程思政目标化和显性化。此外，杨教授通过分享点评院校中的精品教学设计案例，介绍了如何基于学生现有知识水平和学习目标有效组织教学，将思政内容融入课堂活动设计之中，潜移默化地培养学生的道德品格和价值取向。

3.4.3.2 高职外语教学中的课程思政：教学实例评析

为助力教师深挖教材思政元素，探讨课堂教学优化方法，助力提升思政育人实效，实现教材的"二次开发"，杨鲁新教授以"高职外语教学中的课程思政——教学实例评析"为题，通过分析实际案例对课程思政作了进一步的深入解读。杨教授指出："教师在进行教学设计前，要做好教材分析，充分使用教材资源，明确预期教学目标及达成依据，围绕目标和评价合理安排教学活动。"杨教授以《新视野英语教程》和《新技能英语》为例，具体分析了教材文本所蕴含的课程思政元素，同时展示了如何利用教材中的地道语言和精巧编排进行教学设计。杨教授指出："优秀的教学设计应具备渗透思政、知行合一、理念全面、评价多元等特点。"杨教授在讲座中分享了自己设计的教案，同时指出，教师应以"浅层梳理、深层理解、激情启思"的思路进行单元设计，要对教材文本进行分层，合理设计课前、课中和课后活动，以旧带新，给学生思考与对比的空间。最后，杨教授强调"教学设计要建立在语言学习的基础上，不能本末倒置"，并提醒教师在教学设计中应明确语言学习目标，在提升学生思维品质和文化意识的同时，更要注重语言能力和学习能力的培养。杨教授在三期讲座中依托经典教材，清晰梳理单元逻辑，直观讲解教学设计思路，以小单元实现大目标，为教师们启发了教学设计新灵感，开拓了思政育人新思路，获得了一致好评。

3.4.4 高职外语专业教师发展培训

2021年1月16日，"外研社·U讲堂社区"邀请深圳职业技术学院刘建珠教授作题为"'三教'改革背景下高职外语专业教师发展之'道'与'器'——'四师''五课'与'六技'"的讲座。讲座中，刘教授结合个人教学和科研经验，分享了自己对于高职外语专业教师应该如何打造高效课堂，履行教书育人职责，同时实现个人发展的一些思考。刘教授首先分析了"三教"改革背景下教师发展的前景。关于高职外语教师应该具备哪些素养，刘教授提出了"四师"的概念，即教学名师、科研大师、理实双师、企业导师。刘教授强调，作为职业教育的一员，教师不仅要教书育人，还要做研究和开发，深入企业，实现产教融合，为企业和社会服务。教书育人是"四师"最重要的内容，履行好教书育人的职责，需要教师做到"五课"，即备课、上课、说课、听课、评课。刘教授分享了深圳职业技术学院教师团队在做好"五课"方面的实践，包括备课时遵循ARCS动机模型与成果导向教育，上课时及时给出反馈，帮助学生吸收和内化课堂知识，积极观摩其他老师的课堂，开展课堂教育质量研讨会等。此外，刘教授强调教师除教书育人外还要注重自身发展，针对专业教师如何实现教学与研究有机结合的问题，刘教授提出了"六技"，即建设"一"门课程、编写"一"本教材、主持"一"个课题、发表"一"篇论文、参加"一"场会议、出版"一"部专著。刘教授分享了自己的"六技"实践过程：从《商务现场口译》这门课出发，不断建设，使这门课程从校级精品课程发展成国家级精品课程。建课之后，把课程内容汇编成教材，进行课题申报，从普通刊物入手，一直坚持发表口译教学研究方面的论文。最后，基于研究和论文，再把自己的研究体系化，发表专著，实现专业教师的个人发展。

第四章 | 高等学校英语教材建设

　　2021年是"十四五"规划开局之年，中共中央、国务院、教育部等发布一系列纲领性指导文件，召开全国教育工作会议，为高等外语教育高质量发展与外语教材建设指明方向。高等学校英语教材充分体现党和国家对高等教育的要求，铸魂育人成效显著，在培养讲好中国故事能力、构建国际传播能力方面发挥重要作用；教材紧跟学术前沿和时代发展步伐，及时体现外语教学理论创新成果，有效服务国家创新型人才培养；教材应对"互联网＋教育"的发展需求，结合大学英语课程信息化发展实际，在形态与资源方面不断创新，通过不同方式促进线上线下教育融合发展。

4.1　高等学校英语教材相关政策

　　2021年1月，教育部召开全国教育工作会议，强调要以习近平新时代中国特色社会主义思想为指导，贯彻落实党的十九大和十九届历次全会精神，贯彻落实习近平总书记关于教育的重要论述和全国教育大会精神，按照"五位一体"总体布局和"四个全面"战略布局，增强"四个意识"、坚定"四个自信"、做到"两个维护"，坚持稳中求进工作总基调，立足新发展阶段，贯彻新发展理念，构建新发展格局，以推动高质量发展为主题，以改革创新为根本动力，坚持系统观念，更好统筹发展与安全，全面贯彻党的教育方针，落实立德树人根本任务等，为建设高质量教育体系立柱架梁，为建设教育强国开好局、起好步。会议指出，教育系统要落实立德树人根本任务，培养德智体美劳全面发展的社会主义建设者和接班人，要提升思想政治工作质量，充分发挥教材培根铸魂、启智增慧作用。

2021年2月，教育部高等教育司印发《教育部高等教育司2021年工作要点》(以下简称《工作要点》)，明确2021年"十大专项"工作要点。《工作要点》指出要坚持示范带动，持续推进"三个一流"建设。发挥一流专业、一流课程、一流基础学科拔尖学生培养基地等标杆作用，示范带动高等学校专业、课程、教师、学生等关键要素改革，系统推进教育理念、质量标准、技术方法、育人模式等改革。在建强一流课程方面，统筹规划国家级和省级一流课程建设，以一流课程建设为抓手推动课程体系、课程内容和教育教学模式改革，开展第二批国家级一流课程遴选工作，开展首届全国教材建设奖优秀教材(高等教育类)评审工作。制定"十四五"高等本科教育教材建设指导意见。支持高校聚焦"四新"加强课程建设，组织编写一批"四新"教材，纳入"十四五"国家级教材规划，为外语教材编写与出版提供广阔空间，有力推动外语教材质量提升。

2021年3月，"全国高等学校外语教育改革与发展高端论坛"在北京召开。会上，教育部高教司领导指出，高等教育高质量的根本与核心是人才培养质量，专业、课程、教材和技术是新时代高校教育教学的"新基建"。其中，教材是人才培养的主要剧本，做好教材建设至关重要，无论是纸质教材，还是各种形式的教学资源，都必须不断适应新时代发展，注重更新迭代。要优化教材内容：一方面，要严把政治关，培根铸魂。推动习近平新时代中国特色社会主义思想进教材、进课堂、进校园(简称"三进")，将中华优秀传统文化、社会主义核心价值观等融入教材，引导学生讲好中国故事，传播好中国声音。另一方面，要严把学术关，启智增慧。教材要充分反映时代发展最新要求、外语学科专业发展最新进展和中国高等外语教育改革最新成果。同月,教育部发布《高等学校数字校园建设规范(试行)》,扎实推进教育信息化2.0行动计划,积极发展"互联网+教育",推动信息技术与教育教学深度融合,提升高等学校信息化建设与应用水平,支撑教育高质量发展。

2021年5月,中共中央总书记习近平在主持中共中央政治局第三十次集体学习时强调,讲好中国故事,传播好中国声音,展示真实、立体、全面的中国,是加强我国国际传播能力建设的重要任务。要全面提升国际传播效能,建强适应新时代国际传播需要的专门人才队伍。要加强国际传播的理论研究,掌握国际传播的规律,构建对外话语体系,提高传播艺术。要采用贴近不同区域、不同国家、不同群体受众的精准传播方式,推进中国故事和中国声音的全球化表达、区域化表达、分众化表达,增强国际传播的亲和力和实效性。外语教育承担着培养新时代国际传播人才的重任,外语教材应切实服务于加强我国国际传播能力建设。

2021年7月,教育部等六部门发布《关于推进教育新型基础设施建设构建高质量教育支撑体系的指导意见》,指出通过信息网络、平台体系、数字资源、智慧校园、创新应用和可信安全等方面的新型基础设施建设,到2025年,基本形成结构优化、集约高效、安全可靠的教育新型基础设施体系,并通过迭代升级、更新完善和持续建设,实现长期、全面的发展。建设教育专网和"互联网+教育"大平台,为教育高质量发展提供数字底座。

同月,教育部高等教育司开展虚拟教研室试点建设工作。首批拟推荐400个左右虚拟教研室进行试点建设,探索"智能+"时代新型基层教学组织的建设标准、建设路径、运行模式等;通过3—5年的努力,建成全国高等教育虚拟教研室信息平台,建设一批理念先进、覆盖全面、功能完备的虚拟教研室,锻造一批高水平教学团队,培育一批教学研究与实践成果,打造教师教学发展共同体和质量文化,全面提升教师教学能力。试点建设任务包括四个方面:创新教研形态、加强教学研究、共建优质资源、开展教师培训。其中，优质资源体现为"协同共建人才培养方案、教学大纲、知识图谱、教学视频、电子课件、习题试题、教学案例、实验项目、实训项目、数据集等教学资源"。试点建设类型分为校内、区域性、全国性教研室。开展虚拟教研室试点建设工作为外语教材先进理念传播、创新教学模式落地、外语教师跨校教研共同体建设、外语教学优质资源共建共享提供了实践路径，为外语教师依托优质教材落实课程思政育人提供了交流互促平台。

2021年7月，国家教材委员会印发《习近平新时代中国特色社会主义思想进课程教材指南》（以下简称"《指南》"）的通知，明确要求把习近平新时代中国特色社会主义思想全面融入课程教材，做到覆盖基础教育、职业教育、高等教育各类型各学段，涵盖国家、地方和校本课程，融入哲学社会科学、自然科学各学科，贯穿思想道德教育、文化知识教育、社会实践教育各环节，不同学段全过程贯通，确保习近平新时代中国特色社会主义思想在大中小学课程教材中相互衔接、层层递进。在课程安排方面，《指南》指出哲学社会科学课程是习近平新时代中国特色社会主义思想进课程教材的重要渠道，要充分发挥主干课程的作用，分专题讲述习近平新时代中国特色社会主义思想。在组织实施方面，《指南》提出要组织开展课程教材编修团队专题培训，确保习近平新时代中国特色社会主义思想进课程教材的系统性、准确性与适宜性。《指南》的印发进一步指导外语教材编写，推动落实外语课程思政育人。

2021年9月，国家教材委员会发布《关于首届全国教材建设奖奖励的决定》，经过组织申报、初评推荐、国家评审和国家教材委员会批准等程序，奖励首届全国优秀教材999种，全国教材建设先进集体99个，全国教材建设先进个人200名。399种高等教育类优秀教材包括特等奖4种、一等奖80种、二等奖315种，覆盖了高等教育所有学科门类、76个本科专业类。共有11种高等学校英语教材获优秀教材奖，其中一等奖3项，分别为浙江大学何莲珍教授主编的《新编大学英语（第四版）综合教程1》、北京大学胡壮麟教授主编的《语言学教程》(第五版)和浙江大学许钧教授编写的《翻译概论》(修订版)。首届全国教材建设奖的颁发对鼓励各方面加大教材建设力度、吸引更多优秀人才投入教材工作起到极大促进作用,获奖教材为优化教材编写设计、提高教材编写质量提供了优秀示范。

4.2　高等学校英语教材出版概况

4.2.1　大学英语教材

随着《大学英语教学指南(2020版)》《高等学校课程思政建设指导纲要》《中国教育现代化2035》等政策文件的贯彻落实,《普通高等学校教材管理办法》的深入推进和首届全国教材建设奖的公布,以及《习近平新时代中国特色社会主义思想进课程教材指南》等文件的全新发布,2021年各类新品大学英语教材陆续出版,贯彻党中央、国务院关于加强和改进新形势下教材建设的意见,深入体现国家"建设高质量教育体系"的要求,为培养具有家国情怀、国际视野、适应新时代国际传播需要的人才提供有力支撑。2021年,大学英语教材出版紧跟时代要求,呈现出以下特点。

1)对接改革需求,推动教材更新升级

2021年,多部高等英语教材入选首届全国教材建设奖,体现了党和国家对于高校英语教学的重视与认可。这些教材经过长期实践检验,获得广泛认可,产生深远影响。获奖教材紧跟国际学术前沿和时代发展步伐,体现学科和行业发展的新成果,及时推出新版,有效服务国家创新型人才培养。其中,《新编大学英语(第四版)综合教程1》荣获首届全国教材建设奖全国优秀教材(高等教育类)一等奖。2021年,外研社《新编大学英语》(第四版)继续推出读写和视听说后续分册,全面贯彻落实《大学英语教学指南（2020版）》精神，充分吸收《中国英语能力等级量表》研究成果，延续"以学生为中心"的教学理念，以立德树人为宗旨，在单元话题、选篇、练习活动中蕴含社会主义核心价值观和中华人文精髓，帮助学生在语言学习中树立正确的世界观、价值观与人生观。教材助力学生全方位多角度认识与了解中国，更好地展示真实、立体、全面的中国，讲述中国故事、传播中国声音，从而培养家国情怀与国际视野兼备的新时代国际传播人才。

"十四五"期间，高等教育体系将进一步呈现多元化趋势，适合不同层次、不同类型需求的大学通用英语教材也陆续推出新版。外教社《新目标大学英语》(第二版)对接"基础目标"和"提高目标"，延续通用英语、专门用途英语和跨文化交际的体系构成，在夯实学生语言基本功的同时，兼顾学科、文化以及思维能力提升。外研社《E英语视听说教程》充分结合艺体专业学生的学习特点，针对"基础目标"教学要求，以"易学""艺思""益用"为编写思路，主题覆盖艺体专业知识和通识知识，有机融入课程思政教学要求，帮助学生提高听说能力，落实价值塑造。

2）落实立德树人，融合思政育人元素

大学英语课程作为高等学校公共基础课程，应注重在教学中潜移默化地坚定学生理想信念、厚植爱国主义情怀、加强品德修养、增长知识见识、培养奋斗精神，提升学生综合素质。2021年，大学通用英语教材在内容选择和活动设计上进一步加强了中华优秀传统文化教育、融入了社会主义核心价值观，深化了职业理想和职业道德。

以外研社《新未来大学英语》为例，教材体现"跨文化思辨育人"编写理念，选材凸显语篇多元化和时代性特点，覆盖当下真实情境中的各类应用性文体及多模态素材；内容扎根中国，彰显正能量，有机融入思政关键话题，夯实学生理想信念，将中华优秀文化和世界多元文化有机融入选材和活动设计，帮助学生提升文化意识，坚定文化自信，培养中国情怀、国际视野。《新未来大学英语》首创第三级设置两个平行分册，分别聚焦职场英语和学术英语，满足学生工作发展和学业深造的需要，在提升人文素养、深化职业理想的同时，为将来顺利进入社会和职场以及用英语进行学术交流作好准备。

高教社出版《新时代明德大学英语 综合教程》。该教材以社会主义核心价值观基本理念为宏观引领和参照框架，显性体现课程思政元素，同时从学习材料中提炼正能量思想与情怀，将思政教育有机融合于语言学习活动中，实现价值引领、知识传授和能力培养的深度融合，体现外语课程思政建设要求。

复旦大学出版社出版《华时代大学英语》和《新思维大学英语》(思政版)。前者单元主题体现与社会主义核心价值观相关的德育思政元素，选材包含中西方人文知识和文学素养内容，同时包含普及跨学科知识和科学常识的文章，培养新时代所需的复合型人才。后者以"全方位体现课程思政特色"为编写准绳，按照语言文字、话题内容、文化思维三大板块，由浅入深、由低到高、由易到难地进行系统编写，切实贯彻思政特色。

南京大学出版社出版《新时代大学进阶英语》(第二版)。该教材体现《大学英语教学指南(2020版)》中规定的大学本科阶段必须具备的英语语言基础知识和语用能力，内容上坚持中华文化的主体性，体现了中国特色与中国风格，融入社会主义核心价值观和中华优秀传统文化，将英语语言文化教育与思想道德教育紧密结合，同时强调知识、能力和素质的结合，实现立德树人的目标。

3）创新出版模式，促进混合式教学改革

高等英语教材开发落实《中国教育现代化2035》和《加快推进教育现代化实施方案(2018—2022年)》的要求，应对信息技术的迅猛发展和"互联网+教育"的需求，结合大学英语课程信息化发展实际，在教材形态与资源方面不断创新，通过不同方式促进线上线下教育融合发展。

首先，数字课程功能创新，与纸质教材深度融合，开展混合教学，打造智慧课堂。例如，外研社《新未来大学英语》配套数字课程通过情境化

视觉界面呈现多模态素材，打造了沉浸式学习体验，进一步落实了教材"体验式学习"的教学理念。数字课程考虑新时代学生的学习习惯与兴趣，融入轻游戏化元素，并根据教材设置剧情线，呈现海报、食谱、旅行手册等多形式素材，创设愉悦的学习体验。数字课程考虑线上学习的特点，重组并调整纸质教材内容，适度补充拓展语言练习，提供贴近四级考试思路的单元自测题，以测促学。针对思辨、跨文化、听力等技能，设计形式活泼、内容实用的微课视频，助力学生多元能力培养。

其次，依托数字课程开发微课等思政资源，与纸书形成有益补充。例如，外研社《新视野大学英语(第三版)视听说教程》(思政智慧版)全新推出，在原有纸质教材和数字课程基础上配套相应思政听说数字资源，全方位融入思政育人内容，为构建数字化、智能化的外语学习生态提供全方位、立体化支持，为落实立德树人根本任务提供教学模式上的创新。外教社也基于《全新版大学进阶英语》推出"思政智慧版"，在移动端为教师和学生提供全面思政教学素材和学习内容。

4）以应用为导向，提升学术和职业素养

各高校以需求分析为基础，根据学校人才培养目标和学生成长需要，开设了体现学校和专业特色的专门用途英语课程。在学术英语课程教材方面，2021年外研社推出《学术英语(第二版)综合》，内容涉及环境科学、经济学、管理学、心理学、社会学、数学、医学、哲学、语言学等学科，将特定的学科内容与语言教学目标相结合，在培养学生语言技能的同时，帮助学生了解和掌握初步的通用学术英语知识以及与专业学习相关的基本英语表达，基本具备用英语进行学术交流、从事专业工作的能力。

与此同时，商务、医学、军事、人工智能等相关行业和主题的大学英语专门用途课程教材相继出版，体现新时期各专业人才英语能力新要求。以外研社出版的《"一带一路"国家跨文化商务交际教程》为例，教材精选10个"一带一路"沿线国家，详细介绍国家概况、核心文化价值观以及商务礼仪知识等，融合培养语言能力、商务交际能力与跨文化能力，充分服务国家"一带一路"共建需求。此外，南京大学出版社出版《人力资源专业英语》，复旦大学出版社推出《管理学学术英语基础教程》，中国人民大学出版社出版《医学英语视听说》(第二版)，清华大学出版社出版《海军飞行实用英语综合教程》《人工智能英语基础教程》等教材。

表4.1 2021年大学英语教材出版一览表

课程类型	教材名称	主编	出版社	出版时间
通用英语课程	新未来大学英语 综合教程 1-2	孙有中、Jack C. Richards	外语教学与研究出版社	2021 年 3-6 月
	新未来大学英语 综合教程 3A-3B	孙有中、Jack C. Richards	外语教学与研究出版社	2021 年 8 月
	新未来大学英语 视听说教程 1-2	孙有中、Jack C. Richards	外语教学与研究出版社	2021 年 3-6 月
	新未来大学英语 视听说教程 3A-3B	孙有中、Jack C. Richards	外语教学与研究出版社	2021 年 8 月
	新编大学英语（第四版）综合教程 3	何莲珍	外语教学与研究出版社	2021 年 8 月
	新编大学英语（第四版）视听说教程 1-2	何莲珍	外语教学与研究出版社	2021 年 8-9 月
	新编大学英语 文化阅读教程 1-2	章汝雯、楼荷英	外语教学与研究出版社	2021 年 6-8 月
	E 英语视听说教程 1	詹全旺	外语教学与研究出版社	2021 年 3 月
	E 英语视听说教程 2	赵英俊	外语教学与研究出版社	2021 年 7 月
	E 英语视听说教程 3	朱荣华	外语教学与研究出版社	2021 年 7 月
	E 英语视听说教程 4	孙洪波	外语教学与研究出版社	2021 年 7 月
	大学英语思政导学教程(2021 修订版）	吴 鹏	外语教学与研究出版社	2021 年 8 月
	全新版大学高阶英语 综合教程 1-2	李荫华	上海外语教育出版社	2021 年 3 月

(待续)

（续表）

课程类型	教材名称	主编	出版社	出版时间
通用英语课程	全新版大学高阶英语 综合教程 3-4	李荫华	上海外语教育出版社	2021 年 8 月
	全新版大学高阶英语 听说教程 1-2	李荫华	上海外语教育出版社	2021 年 3 月
	全新版大学高阶英语 听说教程 3-4	李荫华	上海外语教育出版社	2021 年 8 月
	新目标大学英语系列教材（第二版）综合教程 1-4	刘正光	上海外语教育出版社	2021 年 4-9 月
	新目标大学英语系列教材（第二版）视听说教程 1-4	徐锦芬	上海外语教育出版社	2021 年 3-5 月
	新时代明德大学英语 综合教程 1-2	王守仁、黄国文	高等教育出版社	2021 年 4 月
	大学创新英语 综合教程 3	安晓灿、全 冬	高等教育出版社	2021 年 3 月
	大学英语泛听教程（第三版）1-4	张 森、刘 兵	高等教育出版社	2021 年 2-6 月
	新智慧大学英语 读写教程 1-2	莫启扬、李 兵	高等教育出版社	2021 年 3-12 月
	新时代大学进阶英语（第二版）综合教程 1-4	石 坚、邹 申、金 雯	南京大学出版社	2021 年 4 月
	新时代大学进阶英语（第二版）视听说教程 1-4	石 坚、邹 申、金 雯	南京大学出版社	2021 年 4 月
	新思维大学英语（思政版）综合教程 1-3	陈坚林、戴朝晖	复旦大学出版社	2021 年 8-10 月
	华时代大学英语 综合教程 1	陶文好	复旦大学出版社	2021 年 6 月
	华时代大学英语 视听说教程 1	陶文好	复旦大学出版社	2021 年 7 月
	新选进阶大学英语 视听说教程 2	杨润秀	复旦大学出版社	2021 年 6 月
	21 世纪大学英语应用型·思政阅读教程 1-4	池丽霞	复旦大学出版社	2021 年 4-8 月
	21 世纪大学艺术英语 综合教程 4	贺春英	复旦大学出版社	2021 年 3 月
	大学英语实训拓展教程 1	杨艳玲	复旦大学出版社	2021 年 8 月
	大学英语实训拓展教程 2	赵海艳	复旦大学出版社	2021 年 12 月

（待续）

课程类型	教材名称	主编	出版社	出版时间
通用英语课程	大学英语实训拓展教程 3	桑 旭	复旦大学出版社	2021 年 12 月
	新时代主题大学英语 综合教程 3-4	张绍杰、文 旭	中国人民大学出版社	2021 年 7 月
	新时代主题大学英语 视听说教程 3-4	张绍杰、文 旭	中国人民大学出版社	2021 年 7 月
	硕博研究生英语综合教程	郭 巍、邢春丽、孙洪丽	中国人民大学出版社	2021 年 3 月
	新指南大学英语自主阅读 1-4	李华东	清华大学出版社	2021 年 7-10 月
专门用途英语课程	学术英语口语教程	徐 鹰	外语教学与研究出版社	2021 年 1 月
	学术英语（第二版）综合	季佩英	外语教学与研究出版社	2021 年 8 月
	医学英语教程 社会医学（第三版）	梁正溜、肖 英	上海外语教育出版社	2021 年 12 月
	人力资源专业英语	陈志红、杜 娟	南京大学出版社	2021 年 3 月
	管理学学术英语基础教程	邵春燕	复旦大学出版社	2021 年 6 月
	英语学术论文写作：初学者实践指南	郑咏滟	复旦大学出版社	2021 年 6 月
	医学英语视听说（第二版）	卢凤香等	中国人民大学出版社	2021 年 1 月
	海军飞行实用英语综合教程	陈 莉	清华大学出版社	2021 年 6 月
	人工智能英语基础教程	张殿恩	清华大学出版社	2021 年 5 月
	大学英语实用口语教程	李建勇	清华大学出版社	2021 年 6 月
跨文化交际课程	"一带一路"国家跨文化商务交际教程	秦丽莉、宋 薇	外语教学与研究出版社	2021 年 4 月
	中西文化阅读教程 1	杨 军、梁正宇	复旦大学出版社	2021 年 6 月
	中西文化阅读教程 2	黄晓玲	复旦大学出版社	2021 年 8 月
	中西文化阅读教程 3	杨 军	复旦大学出版社	2021 年 8 月
	中西文化阅读教程 4	黄宇元	复旦大学出版社	2021 年 6 月
	英美诗歌欣赏	李正栓	清华大学出版社	2021 年 6 月

4.2.2 英语类专业教材

"十四五"期间，我国将推进高等教育分类管理和高等学校综合改革，构建更加多元的高等教育体系，教材建设更需满足多元需求、适应不同学生特点、彰显英语类专业最新发展特色。在新文科建设背景下，高校英语类专业积极探索，结合自身优势，守正创新，促进学科间交叉融合，比较文学与跨文化、国别与区域研究方向课程逐渐开设。翻译专业、商务英语专业立足新发展格局，聚焦大国外交战略与供给侧改革等，培养高素质复合型外语人才。此外，信息技术的应用有效提升了外语教学的实用性和针对性。随着新一代人工智能在全球范围内蓬勃兴起，英语类专业正在思考和探索如何把握契机，推进人工智能在外语教育领域的创新发展，实现外语教育和人工智能的深度融合。综上，2021年，英语类专业教材出版体现了高等教育的发展要求和英语类专业的改革需求，主要特色体现在以下三个方面。

1）文化沟通，文明互鉴，助力国际传播能力建设

讲好中国故事，传播好中国声音，展示真实、立体、全面的中国，是加强我国国际传播能力建设的重要任务。高校英语类专业教学一直以培养对外交流人才为重点，主动对接国家需要，利用学科优势做好国际传播工作。在英语类专业教材建设方面，体现外语特色，在原有的语言学习和西方文化知识学习的基础上，落实课程思政，融入中国内容，注重价值引领，致力于培养更多有家国情怀，有全球视野，有专业本领的复合型人才。

从2020年开始出版的《新时代核心英语教程 综合英语》(外研社)全面推出，注重对学生价值观念的引导和塑造，选材兼顾中外，融汇古今，在培养学生人文素养的同时，引导其对身边、社会乃至国际问题的关注和思考，帮助学生拓展全球视野，培养家国情怀；在活动设计中引导学生根据对中外文化现象的学习比较，深入理解社会主义核心价值观，加深对中国传统文化、革命文化及社会主义先进文化的了解与认同，帮助他们在了解受众的基础上讲好中国故事，传播好中国声音。外教社出版的《新国标英语专业核心教材 综合教程》在选篇中加入对比视角，凸显中国元素，每单元的阅读材料中均有一篇关注中国话题和中国视角，通过对比中西文化异同，体现文化沟通和文明互鉴的双向交流。外研社出版的《应用英语教程 综合英语》着重培养学生的语言产出能力和跨文化交际能力，有针对性地选取新闻、商贸、金融、法律、海关等相关素材，注重培养学生的职场英语能力，同时也促使学生了解中国在相关行业的发展。

2）优化内容，数字赋能，推动经典教材更新迭代

教材是新时代高校教育教学的"新基建"之一，需充分反映时代发展最新要求、外语学科专业发展最新进展以及中国高等外语教育改革最新成果。秉承这一理念，英语类专业教材建设坚持传承与发展相统一，注重更新迭代，改版经典教材。

一方面，各出版社积极优化教材内容。例如，外研社出版的《现代大学英语 精读》(第二版)是一套总结中国多年英语教学经验、致力于为中国发展培养优秀外语人才的经典教材，被连续评为普通高等教育"十五""十一五""十二五"国家级规划教材，2021年荣获全国优秀教材(高等教育类)二等奖。该系列教材第三版传承原版教材对语言的精细训练，同时按照实际教学步骤优化板块及活动设计，凸显以语篇和内容为驱动的教学理念，引导学生进行批判性思考与讨论，实现以学生为主体的启发式教学。

另一方面，各教材模式不断创新。《现代大学英语 精读》(第三版)依托U校园智慧教学云平台全新开发数字课程，倡导"线上+线下"混合教学模式。平台依托教学大数据和人工智能技术，根据学生特点优化学习过程管理，开展形成性评估；通过多维度、可视化的学习数据与教学数据帮助教师改善教学。此外，外研社出版的《演讲的艺术》(第十三版)(中国版)

秉承原书特色与优势，新增线上演讲章节，并配备外研随身学APP，体现模式新变化，提升学习便捷性。外教社出版的"新世纪高等院校英语专业本科生系列教材"进行数字化升级，配备WE Learn随行课堂数字课程，紧扣教材提供数字化学习体验，方便教师对班级和课程进行移动管理。

3）中西互鉴，创新融合，服务新文科建设需求

2018年，教育部提出建设新文科，发展中国特色哲学社会科学育人体系。2020年末，教育部发布《新文科建设宣言》，对新文科建设作出全面部署。新文科以全球新科技革命、新经济发展、中国特色社会主义进入新时代为背景，以创新性和融合性为主要特征，推动传统文科的更新升级，促进学科交叉与深度融合，从学科导向转为需求导向。英语类专业教材建设以全面服务新文科发展为宗旨，重视以创新引领课程升级，以融合拉动专业发展，全面支持世界水平、中国特色的新文科人才培养。

在英语专业领域，教材开发注重基于中西互鉴视角的理论与实践创新，旨在助力增强我国在国际社会的话语表达能力的新文科战略目标。例如，外研社出版的《英语语音教程》突出英汉语音体系对比，基于西方学界经典语料探索中国特色语音理论；《新编语用学教程》(第二版)纳入中国本土语用学理论建构的创见，观照中英文语境下不同场合的语言交际；《英国文学史及选读》(第二版)、《美国文学史及选读》(第三版)设置中外文学比较的教学活动，提升学生跨文化意识。

在翻译专业和商务英语专业领域，教材开发深刻体现出多学科交叉、融合、协同、拓展的特点，旨在服务深化我国经济社会各领域全面改革的新文科战略目标。在翻译专业方面，外研社出版的《汉英翻译技巧》(第二版)从汉英对比角度出发系统讲解汉译英翻译技巧，揭示语际转换规律，以精选文学名篇译例作为赏析素材，潜移默化地融入翻译的文化观，兼顾文学和非文学题材，涵盖时政文本翻译，增强学生对国情的了解。清华大学出版社出版的《英语文学翻译教程：小说与散文》，中国人民大学出版社出版的《法律英语翻译教程》，对外经济贸易大学出版社出版的《实用科技英语翻译》(第二版)、《新时代法律英语翻译》等教材，交叉融通传统学科，支撑引领时代需求。在商务英语专业方面，外研社、外教社、对外经济贸易大学出版社、清华大学出版社等立足国际商务、国际贸易、国际金融、跨境电子商务等跨学科领域需求，全方位、多品类地开展教材出版，推出了一系列将英语语言能力培养与商务知识及技能培养深度复合的教材，深化商务英语专业建设与发展。

表 4.2 2021 年英语类专业教材出版一览表

课程类型	教材名称	主编	出版社	出版时间
综合英语课程	新时代核心英语教程 综合英语 2	蒋洪新	外语教学与研究出版社	2021 年 1 月
	新时代核心英语教程 综合英语 3	蒋洪新	外语教学与研究出版社	2021 年 8 月
	新时代核心英语教程 综合英语 4	蒋洪新	外语教学与研究出版社	2021 年 9 月
	现代大学英语 精读 1（第三版）	杨立民	外语教学与研究出版社	2021 年 8 月
	应用英语教程 综合英语 1	薛家宝	外语教学与研究出版社	2021 年 3 月
	新国标英语专业核心教材 综合教程 1	王俊菊	上海外语教育出版社	2021 年 9 月
	新世纪高等院校英语专业本科生系列教材（修订版）综合教程 1（第 3 版）	谭卫国	上海外语教育出版社	2021 年 3 月
	新世纪高等院校英语专业本科生系列教材（修订版）综合教程 2（第 3 版）	张春柏	上海外语教育出版社	2021 年 3 月
	新世纪高等院校英语专业本科生系列教材（修订版）综合教程 3（第 3 版）	史志康	上海外语教育出版社	2021 年 3 月

（待续）

(续表)

课程类型	教材名称	主编	出版社	出版时间
综合英语课程	新世纪高等院校英语专业本科生系列教材（修订版）综合教程 4（第 3 版）	何兆熊	上海外语教育出版社	2021 年 3 月
	全人教育英语专业本科教材系列 综合英语（第一册）（第二版）	文 旭	中国人民大学出版社	2021 年 4 月
	全人教育英语专业本科教材系列 综合英语（第二册）（第二版）	文 旭	中国人民大学出版社	2021 年 8 月
	全人教育英语专业本科教材系列 综合英语（第三册）（第二版）	文 旭	中国人民大学出版社	2021 年 5 月
	全人教育英语专业本科教材系列 综合英语（第四册）（第二版）	文 旭	中国人民大学出版社	2021 年 8 月
	高等学校英语专业人文英语系列教材 综合英语 1	罗良功	清华大学出版社	2021 年 8 月
	高等学校英语专业人文英语系列教材 综合英语 2	罗良功	清华大学出版社	2021 年 12 月
	高等学校英语专业人文英语系列教材 综合英语 4	罗良功	清华大学出版社	2021 年 2 月
	大学英语实用教程	于 芳、周 荣、李 品	冶金工业出版社	2021 年 10 月
英语口语课程	新经典高等学校英语专业系列教程 英语语音教程	卜友红	外语教学与研究出版社	2021 年 9 月
	新世纪高等院校英语专业本科生系列教材（修订版）语音教程（第 2 版）	刘 森	上海外语教育出版社	2021 年 9 月
	新世纪高等院校英语专业本科生系列教材（修订版）口语教程：英语口语	何 宁、王守仁	上海外语教育出版社	2021 年 5 月
	21 世纪英语专业系列教材 新编英语专业口语教程 3（第三版）	周 明	北京大学出版社	2021 年 11 月

(待续)

课程类型	教材名称	主编	出版社	出版时间
英语演讲与辩论	演讲的艺术（第十三版）（中国版）	[美] Stephen E. Lucas 等	外语教学与研究出版社	2021 年 3 月
	新世纪高等院校英语专业本科生系列教材（修订版）口语教程：英语演讲与辩论 1	何 宁、王守仁	上海外语教育出版社	2021 年 3 月
	新世纪高等院校英语专业本科生系列教材（修订版）口语教程：英语演讲与辩论 2	何 宁、王守仁	上海外语教育出版社	2021 年 7 月
英语写作课程	新时代核心英语教程 写作 2	陈立平	外语教学与研究出版社	2021 年 1 月
	新时代核心英语教程 写作 3	陈立平	外语教学与研究出版社	2021 年 8 月
	新世纪高等院校英语专业本科生系列教材（修订版）写作教程1（第 2 版）	邹 申	上海外语教育出版社	2021 年 4 月
	全人教育英语专业本科教材系列 英语写作教程（第一册）（第二版）	文 旭	中国人民大学出版社	2021 年 3 月
英语视听说课程	全人教育英语专业本科教材系列 英语视听说教程（第一册）（第二版）	文 旭	中国人民大学出版社	2021 年 5 月
	全人教育英语专业本科教材系列 英语视听说教程（第二册）（第二版）	文 旭	中国人民大学出版社	2021 年 7 月
	全人教育英语专业本科教材系列 英语视听说教程（第三册）（第二版）	文 旭	中国人民大学出版社	2021 年 3 月
	全人教育英语专业本科教材系列 英语视听说教程（第四册）（第二版）	文 旭	中国人民大学出版社	2021 年 3 月
	高级实用英语系列教材 英语听力技能与实践	张志江、黄 锐	中国人民大学出版社	2021 年 9 月

（待续）

高等学校英语教材建设

（续表）

课程类型	教材名称	主编	出版社	出版时间
英语阅读课程	理工院校英语专业核心教材 阅读教程 2	许明武、李　菁	上海外语教育出版社	2021 年 4 月
	新世纪高等院校英语专业本科生系列教材（修订版）英语阅读 1	王守仁、赵文书	上海外语教育出版社	2021 年 6 月
	新世纪高等院校英语专业本科生系列教材（修订版）英语阅读 2	王守仁、赵文书	上海外语教育出版社	2021 年 9 月
	全人教育英语专业本科教材系列 英语阅读教程(第一册)(第二版)	文　旭	中国人民大学出版社	2021 年 4 月
	全人教育英语专业本科教材系列 英语阅读教程(第二册)(第二版)	文　旭	中国人民大学出版社	2021 年 7 月
	全人教育英语专业本科教材系列 英语阅读教程(第三册)(第二版)	文　旭	中国人民大学出版社	2021 年 4 月
	全人教育英语专业本科教材系列 英语阅读教程(第四册)(第二版)	文　旭	中国人民大学出版社	2021 年 4 月
	全人教育英语专业本科教材系列 英语报刊阅读教程（第二版）	张　剑、李京廉	中国人民大学出版社	2021 年 7 月
	全人教育英语专业本科教材系列 西方人文经典阅读教程	陈世丹	中国人民大学出版社	2021 年 10 月
	高校英语选修课系列教材 读懂中国：英语读写教程	王　革等	清华大学出版社	2021 年 8 月
研究方法与学术写作课程	全人教育英语专业本科教材系列 学术英语写作与研究方法（第二版）	刘承宇	中国人民大学出版社	2021 年 7 月
语言学方向课程	新经典高等学校英语专业系列教程 新编语用学教程（第二版）	陈新仁	外语教学与研究出版社	2021 年 1 月
	英语文体学教程	刘瑞琴、杨　洁	石油工业出版社	2021 年 1 月

（待续）

（续表）

课程类型	教材名称	主编	出版社	出版时间
文学方向课程	新经典高等学校英语专业系列教程 英国文学史及选读（第一册）（第二版）	李正栓、吴伟仁、吴晓梅	外语教学与研究出版社	2021 年 8 月
	新经典高等学校英语专业系列教程 英国文学史及选读（第二册）（第二版）	李正栓、吴伟仁、吴晓梅	外语教学与研究出版社	2021 年 10 月
	高校英语选修课系列教材 英语诗歌精品解读	张缨	清华大学出版社	2021 年 1 月
	新基点商务英语专业本科系列教材·人文素养子系列 英美散文选读（一）（第三版）	蒋显璟	对外经济贸易大学出版社	2021 年 7 月
	高等院校英语专业课程思政系列教材 美国文学经典研读	卢 敏、陈怡均、霍红宇	武汉大学出版社	2021 年 9 月
	外国文学经典导读	龙 云	南京大学出版社	2021 年 9 月
比较文学与跨文化方向课程	21 世纪内容语言融合（CLI）系列英语教材 美国国情：美国社会与文化（第三版）	常俊跃、李莉莉、赵永青	北京大学出版社	2021 年 9 月
	21 世纪内容语言融合（CLI）系列英语教材 跨文化交际（第二版）	常俊跃、吕春媚、赵永青	北京大学出版社	2021 年 10 月
	中国文化简明英语教程	邹丽玲	华中科技大学出版社	2021 年 10 月
国别和区域方向课程	英语类专业国别与区域研究方向课程教材 国际组织概览	戴惠萍、郭鑫雨	上海外语教育出版社	2021 年 5 月
翻译专业课程	新经典高等学校英语专业系列教程 汉英翻译技巧（第二版）	钟书能	外语教学与研究出版社	2021 年 9 月
	新世纪高等院校英语专业本科生系列教材（修订版）口译教程（第 2 版）	杨柳燕、苏 伟	上海外语教育出版社	2021 年 3 月
	翻译专业本科生系列教材 旅游英汉互译教程（第二版）	陈 刚	上海外语教育出版社	2021 年 6 月
	法律英语翻译教程	张法连	中国人民大学出版社	2021 年 3 月
	全国翻译专业本科系列教材 口译技巧与实践基础教程	李学兵	清华大学出版社	2021 年 5 月
	应用型翻译系列教材 实用科技英语翻译（第二版）	孙昌坤	对外经济贸易大学出版社	2021 年 5 月
	新时代法律英语翻译	董晓波、胡 波	对外经济贸易大学出版社	2021 年 6 月

（待续）

高等学校英语教材建设

（续表）

课程类型	教材名称	主编	出版社	出版时间
商务英语专业课程	高级商务英语系列 国际商务管理	冯　敏	外语教学与研究出版社	2021 年 12 月
	新世纪商务英语专业本科系列教材（第二版）商务英汉翻译教程	李　明	上海外语教育出版社	2021 年 9 月
	国际贸易理论与实务（英文版）（第五版）	张素芳	对外经济贸易大学出版社	2021 年 1 月
	新世界商务英语系列教材 实用经贸英语口语（第五版）	陈准民	对外经济贸易大学出版社	2021 年 1 月
	全方位商务英语系列教材 外贸英语函电（第三版）	杨伶俐	对外经济贸易大学出版社	2021 年 3 月
	新基点商务英语专业本科系列教材·语言技能子系列 全方位商务英语口语（第四版）	王　艳	对外经济贸易大学出版社	2021 年 7 月
	新文科案例型商务英语系列教材 国际商务管理（英文版）	汪玉玲	对外经济贸易大学出版社	2021 年 12 月
	新时代行业英语系列教材 商务会谈英语	姜宏等	清华大学出版社	2021 年 4 月
	商务导论英语教程	袁奇等	清华大学出版社	2021 年 8 月
	新视界商务英语系列教材 国际商务谈判（第三版）	刘白玉等	中国人民大学出版社	2021 年 4 月
	普通高等学校应用型教材·国际贸易 国际商务谈判：双语实训教程	胡琳祝、段立群	中国人民大学出版社	2021 年 4 月
	普通高等学校应用型教材·国际贸易 商务写作与外贸函电（第二版）	王　珏	中国人民大学出版社	2021 年 4 月

4.2.3　高等学校英语数字教材

近年来，随着《中国教育现代化2035》《教育信息化2.0行动计划》《加快推进教育现代化实施方案（2018—2022年）》《教育课程教材改革与质量标准工作专项资金管理办法》等重要文件的颁布，以及人工智能、大数据、云计算、物联网等技术的发展，信息技术与教育教学的融合进一步加深，推动了教学理念和教学实践的根本性变革。高校英语教材是教学内容的主要载体，是育人育才的重要依托，直接影响教学改革成效和人才培养质量。如何利用现代信息技术创新教材内容和形式，开展数字教材等新形态教材的研发和推广是高校英语教材建设的重要内容。

4.2.3.1　强化价值塑造，全面加强课程思政建设

《教育部高等教育司2021年工作要点》指出，应使各类课程与思政课程同向同行，构建全员全程全方位育人大格局。作为时代之需、国家命题，思政育人已成为高校教学改革的重要方向，课程思政已进入推进落实的重要阶段。外研社以《新视野大学英语》(第三版) 系列经典纸质教材为基础，以U校园智慧教学云平台为载体，推出《新视野大学英语(第三版) 读写教程》(思政智慧版)、《新视野大学英语(第三版) 视听说教程》(思政智慧版)。数字教材以立德树人为核心，紧密结合纸质教材，深入挖掘各单元内容中的思政元素，增设"思政板块"，突破了传统纸质教材再版周期长、内容更新不及时、形式单一等局限，以与时俱进的优质教学资源和全面丰富的教学设计系统，帮助高校开展课程思政实践，提升各校思政专题教研效果，以实现学生语言知识、文化领悟与思维视野协同发展，全面落实思政育人。

以外研社《新视野大学英语(第三版) 读写教程》(思政智慧版) 中的"思政板块"为例，该板块由Text exploration和New horizons两部分组

成，前者围绕读写教程单元主题及核心语言点，以思政视角全新切入，解析时代金句、中华古语，在思政语境下提升学生的语言应用能力；后者基于读写教程单元主题拓展的思政选篇或视频，或传递新时代信息，或弘扬中华文化精髓，通过讲授、鉴赏、操练、思辨全流程设计，对学生进行文化素养培育和价值观塑造，提升视野格局和意志品质。

外教社的《全新版大学进阶英语综合教程》(思政智慧版)基于纸质教材内容，依托WE Learn智慧教学系统，从思政角度新增主题拓展(Theme Exploration)、课文剖析(Text Exploration)、视频和拓展阅读(Further Exploration)、中国智慧(Chinese Wisdom)、讲述中国故事(Telling Chinese Stories)五大板块，以数字手段补充和升华纸质教材内容，将思政元素融入课堂教学的各个环节，在"怎样培养人"的过程中真正实现"润物细无声"，为院校开展大学英语思政教学改革提供优质资源，助力院校课程思政教学改革。

4.2.3.2 依托数字化平台，实现教学流程全覆盖

在传统教学中，单一的纸质教材、教辅本身承载的信息和功能有限，难以支撑信息化环境下多样化的教学活动和教学流程。因此，数字教材需要基于网络教学平台，集文字、图片、音视频和动画等富媒体内容、配套教学资源库、智能语音评测、智能写作测评、大数据采集与分析系统等于一体，覆盖教学内容、教学设计、教学过程、教学评价、教学管理等各环节，推动高校英语教与学的变革。

外研社2021年出版的《大学思辨英语教程 精读2》《新编大学英语(第四版)综合教程2》《新未来大学英语综合教程1》等数字教材以U校园智慧教学云平台为载体，以多模态、立体化、资源丰富的教学设计，通过单词本学习、金句跟读模仿、交互式文本、视频微课、在线项目式协作等形

式，覆盖听、说、读、写、译各题型的智能评阅，从语言输入到应用产出，助力探究式自主学习或混合式教学。此外，基于平台的大数据分析功能，能够为院校提供学生学习和教师教学数据，展现和管理学习成果，记录形成性评价和终结性评价数据，反映教学整体状态，为教育改革和发展提供帮助。

外教社2021年出版的《全新版大学高阶英语(第三版)综合教程》《新目标大学英语(第二版)视听说教程》《口语教程》等数字教材依托WE Learn智慧教学系统，以交互形式呈现教材内容，借助智能评测引擎和学习数据分析技术，跟踪学生的课堂互动表现与学习难点，及时发现学习过程中的问题，协助教师开展对学生线上、线下学习全过程的形成性评价，为教师课堂授课、课后辅导、教学管理等提供更为全面的支持。

4.2.3.3 支持混合式教学，助力一流课程建设

数字教材有助于构建"以学生为中心"的学习环境，教师可以基于数字教材开展混合式教学，改变传统教与学的关系，线上教学解决知识型内容的获取，线下课堂变为聚焦问题、深入探讨、升华教学内容的场所，让学生由被动学习转为主动探究，教师变成教学过程的引领者和导演，使学习真正发生。同时，数字教材所依托的平台可以提供学情数据分析报告，从而反馈指导教学，助力高质量一流课程的建设。

以外研社的《新编大学英语(第四版)综合教程2》为例。课前，围绕单元重难点和教学目标，学生观看简短的微课视频，完成读课文、学单词等课前预习任务和相关练习。课中，教师利用数字教材中的随堂测试检测学生课前学习的完成情况，并结合教学内容发布投票调查，针对学生反馈结果深入讲解重难点，指导、反馈学生语言技能的运用；线下课堂的教学内容以能力为导向，以任务为驱动，践行以学生为中心的合作式及探究式

学习，提升学生的思辨能力、跨文化交际能力和团队合作能力。课后，学生完成数字教材的课后作业及小组Project，教师基于平台的成绩统计功能，随时查看成绩统计分析，并给予实时的反馈指导。

4.2.3.4 软件硬件融合，建设智慧教学环境

2020年9月，教育部、国家发展改革委、财政部发布的《关于加快新时代研究生教育改革发展的意见》指出，加强课程教材建设，提升研究生课程教学质量。研究生教材建设也随着教育理念和育人模式的变革而发展，以新形态、新手段、新内容服务研究生英语教学，切实助力高校研究生人才培养。外研社推出的《新探索研究生英语》系列数字教材，依托软件和硬件资源，将教材整合到数字化教学环境中，在有限的课时内完成丰富的教学内容设计和教学资源输入。

2021年上线的《新探索研究生英语(基础级)读写教程》和《新探索研究生英语(基础级)视听说教程》以英国麦克米伦出版公司高品质教材 *Skillful*(Second Edition)为蓝本，由国内著名教材编写专家进行改编，巧妙融入思政素材，高度关注学术技能培养，汲取英语思辨教学理念，教学设计着重训练分析、评价、创造等高阶思维能力，提升研究生的独立思考能力和创新能力。

教材依托U校园智慧教学云平台，引入丰富的数字化教学手段，如iWrite英语写作教学与评阅系统，实现写作任务的机器评阅、同伴互评、小组互评等，以评促学，以评促教；教材还与Unipus智慧云盒、智慧教室等硬件相结合，提升多资源协同的教学体验，利用语音转写功能激发学生主动性，通过线上教学数据和线下课堂面授数据的同步收集，构建多层次动态评价指标体系，开展数据挖掘和分析，提升教学管理和决策的精细化、智能化水平，引领院校开展线上线下结合的混合式教学实践。

4.2.3.5 多元化交互体验，提升数字教材易用性

数字教材通过丰富的功能、形态和应用方式，不断优化师生的交互体验，提升学习效果和效率。交互性主要体现在：1）师生与教材之间的人机交互；2）师生互动和生生互动。

外研社《新未来大学英语 综合教程1》整合移动学习、富媒体数字出版和云服务等领域的前沿技术，对传统纸质教材教学内容进行富媒体编排设计和交互设计，以图像、文字、声音、视频、动画等多种表现形态呈现，实现课文单句及生词点读、单词解析及重难点讲解。纸质教材增设二维码，学生扫码即可获得拓展性学习和测评资源，实现了对传统纸质教材内容资源的智能化重构和补充，延展了纸质教材的价值。同系列的《新未来大学英语 视听说教程1》通过角色扮演等口语训练互动模块，结合智能口语评测引擎，使学生参与人机对话的学习交互，获得口语测评的即时反馈，不断提升口语水平。

外教社《新国标英语专业核心教材 视听说教程》基于网络协作学习的相关理论，将学习同一门课程的学生联接起来，构建基于竞争与协作的学习社区，学生可以在这里分享学习笔记和成果，协同完成各种课程任务，增强师生互动和生生互动，以个性化、社区化的在线学习实现资源共享与交流反馈。

表4.3 2021年高等学校英语数字教材一览表

课程类型	教材名称	主编	出版社	上线时间
大学英语通用英语课程	新未来大学英语 综合教程1	孙有中、Jack C. Richards	外语教学与研究出版社	2021年8月
	新未来大学英语 视听说教程1	孙有中、Jack C. Richards	外语教学与研究出版社	2021年8月
	新编大学英语（第四版）综合教程2	何莲珍	外语教学与研究出版社	2021年3月
	新编大学英语（第四版）视听说教程1	何莲珍	外语教学与研究出版社	2021年10月

（待续）

（续表）

课程类型	教材名称	主编	出版社	上线时间
大学英语通用英语课程	新视野大学英语（第三版）读写教程（思政智慧版）3	郑树棠	外语教学与研究出版社	2021 年 2 月
	新视野大学英语（第三版）读写教程（思政智慧版）4	郑树棠	外语教学与研究出版社	2021 年 3 月
	新视野大学英语（第三版）视听说教程（思政智慧版）1	郑树棠	外语教学与研究出版社	2021 年 8 月
	新视野大学英语（第三版）视听说教程（思政智慧版）2	郑树棠	外语教学与研究出版社	2021 年 8 月
	E 英语教程 视听说 1	詹全旺	外语教学与研究出版社	2021 年 9 月
	全新版大学高阶英语 语法智慧教程	李荫华	上海外语教育出版社	2021 年 3 月
	全新版大学高阶英语 阅读智慧教程	李荫华	上海外语教育出版社	2021 年 3 月
	新目标大学英语系列教材（第二版）视听说教程	徐锦芬	上海外语教育出版社	2021 年 3 月
	新目标大学英语系列教材（第二版）综合教程	刘正光	上海外语教育出版社	2021 年 3 月
英语专业综合英语课程	新时代核心英语教程 综合英语 2	曾艳钰	外语教学与研究出版社	2021 年 3 月
	新时代核心英语教程 综合英语 3	徐晓燕、李成坚	外语教学与研究出版社	2021 年 8 月
	新国标英语专业核心教材 视听说教程	张锷等	上海外语教育出版社	2021 年 4 月
	新世纪本科生系列教材（修订版）综合教程（第 3 版）	何兆熊等	上海外语教育出版社	2021 年 2 月
英语专业视听说课程	新交际英语 听力教程 2	蔡宏文	外语教学与研究出版社	2021 年 2 月
	新交际英语 听力教程 3	谢玉杰	外语教学与研究出版社	2021 年 8 月
	英语专业本科生系列教材（修订版）口语教程 英语口语	何 宁、王守仁	上海外语教育出版社	2021 年 5 月
英语专业阅读课程	大学思辨英语教程 精读 2	候毅凌	外语教学与研究出版社	2021 年 3 月
	大学思辨英语教程 精读 3	郭亚玲、宋云峰	外语教学与研究出版社	2021 年 8 月
	大学思辨英语教程 精读 4	孙有中、顾 悦、贾 宁	外语教学与研究出版社	2021 年 3 月
研究生英语课程	新探索研究生英语（基础级）读写教程	季佩英	外语教学与研究出版社	2021 年 9 月
	新探索研究生英语（基础级）视听说教程	陈向京	外语教学与研究出版社	2021 年 9 月

4.3　高等学校英语教材使用案例

4.3.1　浙江大学：基于精品教材的一流课程建设

　　1999年，浙江大学大学英语教学团队开创性地提出了"以学生为中心"的主题教学模式，并编写了体现该理念的《新编大学英语》系列教材。该教材坚持以教育部关于提高本科教育教学质量系列文件和大学英语教学改革精神为指导，充分吸收国内外英语教学的最新研究成果，不断修订和改版。基于《新编大学英语》(第三版)的"大学英语Ⅳ"课程被教育部认定为首批国家级一流本科课程。在建设一流课程过程中，大学英语课程团队形成了"五位一体"的教学体系：秉持一个先进的教学理念——"以人为本、多元创新"，注重知识、能力、素质、人格的有机融合，全面提高学生的语言能力、思维能力、跨文化交际能力，培养全面发展的高素质国际化人才；基于一套全面的英语教材——《新编大学英语》，充分兼顾了浙江大学学生的认知水平、语言能力及现实需求，提升学生的英语综合应用能力；建设一个优质的网络平台，为学生提供与教材主题密切相关的自主学习内容以及拓展资源；构建一个完善的评价体系，实现"对学习结果的终结性评估"与"促进学生发展的形成性评估"有机结合，为课程的教与学提供有效反馈，提高学生学习效率，推动课程建设持续完善；提供一本经典的原版著作，通过课程建设的通识"悦"读平台，帮助学生潜移默化地提升语言能力、提高文化素养、培养思辨能力、拓宽国际视野。

4.3.2　湖南师范大学：以能力和素养培养为导向，加强教材建设和应用

　　湖南师范大学外国语学院作为英语专业国家级一流专业建设点，积极推进教材建设，参与编写《新时代核心英语教程》。该套教材是在《高等

学校本科外国语言文学类专业教学指南》发布后出版的第一套英语类专业核心课程教材。在教材编写过程中，教师注重融合专业知识与多维技能，突出能力导向，强化专业核心素养，落实立德树人育人使命。在依托教材的教学实践中，教师始终"以学生为核心"，采用科学有效的课堂设计，夯实学生的语言基本功，培养其思辨能力和跨文化能力，积累人文与科技知识。课堂教学前期关注多视角下的主题呈现与导入，中期注重隐性与显性的语言与文化知识输入和渗透，后期引导自然、主动的英语口语和写作输出。在教学过程中，师生通过U校园智慧教学云平台配套数字课程进行混合式教与学，学生的自主学习能力得到增强，教师通过教学大数据分析学情，方便进行优化管理。

4.3.3 哈尔滨工程大学：深化实施课程思政教学

哈尔滨工程大学依托《新视野大学英语(第三版)读写教程》(思政智慧版)和自建的动态更新课程思政资源库，依据大学英语课程的性质，将教学目标细化为知识目标、能力目标、育人目标三个维度。深度挖掘教材单元主题的思政元素，整合教学内容，将主题一致的单元归入同一思政话题开展教学，形成生活观点、经济智慧、文化洞察、世界焦点四个思政主题。同时从主题、篇章、练习等内容中挖掘思政点，增加与主题相关的社会问题、中华文化、时事热点、科技成就等课程思政内容。以"产出导向法"和布鲁姆的认知分类理论为依据，采用"线上+线下"混合式"学、做、成"三阶段教学，课前是以语言和思政知识输入为导向的线上学习，课中是以能力输出为导向的翻转课堂，课后是以知识内化和价值塑造为导向的语言输出，通过"驱动—促成—评价"提升学生的跨文化思辨能力，培育正向价值观。考核评价分为知识、能力、思政三个层次，平台、教师、同伴三个评价主体，将课程思政学习过程纳入评价指标，从思政知识学习、思政内容表达、思政选题价值三个层次考查。

4.3.4 东华理工大学：以文化人、实践育人，传播践行中国文化

东华理工大学以国家级规划教材《中国文化概况》(修订版)为依托，研发"中国文化概况"思政示范课程，并获批首批国家级线上一流课程，同时引导学生进行中国文化英文作品创作实践，获批首批国家级社会实践一流课程。课程主要基于"以文化人、实践育人"理念，以培育"知中国、爱中国"及"站在中国立场讲好中国故事"的外语人才为目标，形成围绕"家国情怀、人文情怀和个人修养"的知识和价值体系。围绕国情获取权威思政资源，根据中国社会主义核心价值观梳理课程思政元素；围绕省情获取实践育人思政资源，将井冈山革命根据地、赣南苏区等作为课程思政实践基地，以赣文化丰富地方文化思政资源；围绕校情获取校本思政资源，遵守"敦本务实，崇义奉公"的校训，组织学生参观校史馆。通过学习祖国灿烂文化和成就增强学生文化自信和民族自豪感，实现培养中国文化传播者和践行者的课程思政建设目标。

4.4 高等学校英语教材教师培训

4.4.1 全国性教师培训项目

2021年外研社全国高等学校外语学科中青年骨干教师高级研修班

2021年，外研社全国高等学校外语学科中青年骨干教师高级研修班因应新时代高等教育对教师队伍发展的新要求，匠心打磨研修内容，精心设计多期线上线下混合式主题研修。研修涵盖课程思政、课程建设、教学方法、测评素养与学术研究五大类别，围绕"教师育人素养与外语教学中的课程思政""外语教材编写与使用""中华优秀文化外语教学与传播""课程思政与一流课程建设"等教师关注的重点话题进行深入研究与探讨，将

教学理念与《新未来大学英语》、《新一代大学英语》、《新视野大学英语》(第三版)、《新标准大学英语》、《大学思辨英语教程》、《演讲的艺术》等教学材料使用实践紧密结合，帮助高校外语教师切实提升外语教学能力，提高教学质量与育人成效。

2021年外研社暑期全国高校外语教学研究与教师发展研修班

2021年7—8月，外研社举办2021年暑期全国高校外语教学研究与教师发展研修班，以专家讲座、主旨报告、专题报告、教学大赛、实践分享多种形式开展，融合线上线下，打破时空界限。全国高等院校外语教育专家、学者及一线教师围绕《新未来大学英语》、《新一代大学英语》、《新编大学英语》(第四版)、《新视野大学英语》(第三版)、《新标准大学英语》、《大学思辨英语教程》、《现代大学英语》等教材，共同探索外语教材编写新理念，总结教材使用新方法，研讨基于教材使用的人才培养新模式，助力外语教师锤炼教书育人本领，落实育人育才使命。

2021年外教社暑期全国高校外语教师发展论坛

2021年7月—8月，外教社举办2021年暑期全国高校外语教师发展论坛。该论坛采用线上和线下结合的方式，通过专题讲座、学术对话等活动形式，围绕"信息化时代的外语智慧教学：理念更新、范式重构与路径探索""外语教师信息素养与学术能力发展""跨文化外语教学与国际化人才培养""高校外语课程思政建设理论与实践"等主题开展研讨。参与论坛的全国高校外语教师就教学理念学习、教学路径探索、教学模式建构、教学材料使用等方面展开交流和探讨。该论坛为外语教学、科研和人才培养提供启发、借鉴和互动交流的平台。

4.4.2 教材编写与使用讲座

外研社依托企业微信讲座群、U讲堂社区等平台，以《新一代大学英语》《E英语视听说教程》《生活英语听说》《汉英翻译技巧》(第二版)等教材为例开展一系列讲座，与高校教师分享教材的编写理念以及教学设计与授课经验。讲座邀请经验丰富的一线教师主讲，涵盖教学理念和方法、教学目标和内容、教学设计及实施流程、教学评估等课程教学各个方面，引导教师深挖教材内涵，创新教学设计。

上海外国语大学外语教材研究院依托外教社 WE MOOC 平台、钉钉·外教社"思飞学院"等平台，举办了两场关于教材编写与使用的学术讲座。3月12日，复旦大学李荫华教授以"实践·探索——大学英语教材编纂回眸"为题，结合个人的教材编写实践，提炼并总结了影响外语教材编写的因素和条件。7月13日，北京师范大学程晓堂教授作了题为"英语教师如何有效使用教材？"的讲座，指出体系完整、结构合理、内容充实、多元文化的教材可以为英语课堂教学带来极大便利，有利于学生认识世界文化的多样性；教材应不断更新，避免教材内容脱离学生实际与教学要求，不断更新的英语教材更有利于推广新的教学理念和教学方法。

4.4.3 虚拟教研与线上备课

2021年9月—10月，外研社分别依托《新未来大学英语》和《现代大学英语 精读》教材，在线上举办一系列虚拟教研室活动，邀请教材主编、参编院校及使用院校进行教材理念解读与备课示范，深入剖析教学设计，有针对性解决备课难题，共同探讨外语课程思政教学新思路等。虚拟教研室长期运营，搭建教材编写者与使用者、出版者与使用者、使用者与使用者之间对话交流与共享智慧的平台，构建基于教材的跨院校线上专业学习共同体，为教师用好教材提供体系化、持续性支持。

8月26日—27日，外教社通过钉钉·外教社"思飞学院"举办"大学英语云间教研室线上备课"教研活动，依托《新时代大学学术英语》《新目标大学英语》(第二版)、《全新版大学高阶英语》三套教材，通过专家讲座、优秀教师示范课和教材智慧教学资源介绍等形式，与教材使用者共同在云间备课，研讨如何基于教材使用打造大学英语一流课程。

第五章 | 高等学校多语言教材建设

随着"一带一路"倡议的深入推进，我国对具有国际视野、通晓国际规则、能够参与国际事务和国际竞争的国际化人才的需求日益多元化；培养具有国际传播力的人才成为新时代对外语人才培养的新要求。多语言教材建设承担着服务国家发展战略、为国际化人才的培养提供智力支持和人才保障的重要使命。2021年，各高校及出版社以中共中央、国务院、教育部等发布的一系列纲领性文件为指导，根据《高等学校本科外国语言文学类专业教学指南》（以下简称《教学指南》）规定的高等学校不同语种专业方向及课程要求，进一步更新和完善多语言教材体系，并组织了一系列围绕教材编写与使用的教师培训，以更好地服务国家"一带一路"倡议和国际化人才培养需求。

5.1 高等学校多语言教材相关政策

2021年2月，教育部高等教育司印发《教育部高等教育司2021年工作要点》，指出要坚持示范带动，推进"三个一流"建设；制定"十四五"高等本科教育教材建设指导意见；支持高校聚焦"四新"加强课程建设，组织编写一批"四新"教材。

2021年7月，国家教材委员会印发《习近平新时代中国特色社会主义思想进课程教材指南》，明确要求将习近平新时代中国特色社会主义思想全面融入课程教材。该文件的印发为外语教材编写工作提供了进一步指导，融入思政元素的多语种教材也在紧锣密鼓开发中。

自《大学英语教学指南（2020版）》颁布后，《大学日语教学指南（2021版）》的研制工作于2021年启动，并将于2022年颁布。《大学日语教学指南（2021版）》的研制与颁布将对今后大学日语教学以及日语教材编写起到纲领性指导作用。

2021年9月，国家教材委员会发布《关于首届全国教材建设奖奖励的决定》，奖励首届全国优秀教材999种（其中高等教育类399种）、全国教材建设先进集体99个、全国教材建设先进个人200名。《"东方"大学俄语（新版）学生用书》（外研社）和《法语综合教程》（外教社）荣获首届全国教材建设奖全国优秀教材（高等教育类）二等奖。

5.2 俄语教材

5.2.1 俄语教材出版概况

2021年，在俄语专业教材建设方面，各高校及出版机构继续在《教学指南》的指导下，根据《教学指南》规定的高等学校俄语专业方向及课程要求和新文科建设理念，突出课程思政功能，力求建设更完备的教材体系，更好地服务人才培养需求。同时，各出版机构根据当前市场需求及学生特点，紧跟数字化发展趋势，由"纸质教材+音频"向"新形态教材"转变，即以嵌入二维码的纸质教材为载体，融入视频、音频、作业、试卷、拓展资源等数字资源，将教材、课堂、教学资源三者融合，实现线上与线下结合的教材出版新模式。

在俄语专业教材出版方面，各出版机构更加注重体系建设，根据《教学指南》要求，针对俄语专业不同学段、不同方向，深挖选题，填补教材空白，完善教材体系。

本科基础阶段的教材占新出版教材总数的44.44%。外研社出版"十二五"普通高等教育本科国家级规划教材《"东方"大学俄语(新版)学生用书》3—4册、国家级精品课教材《俄语视听说基础教程2》；外教社出版《俄语视听说教程(学生用书)1》。这些教材采用"新形态教材"出版模式，将音频、视频资源上传至APP，便于学习者利用碎片化时间进行听力、跟读、口语(人机对话)等训练，随时随地学习俄语。

本科提高阶段的教材出版占44.44%。外研社精心策划"新经典高等学校俄语专业高年级系列教材"，涵盖报刊阅读、俄汉汉俄口译、学术写作、经贸俄语等多个方向课程教材；外教社出版《经贸俄语》(第2版)；北京大学出版社出版《通用俄语口译教程》《俄汉文体与翻译》等。上述教材的出版使俄语专业高年级教材体系更加完善与立体。

在研究生教材建设方面，外研社率先出版了"全国俄语翻译硕士专业学位MTI系列教材"《俄汉—汉俄口译理论与技巧》，弥补了研究生阶段教材建设的空白。

表5.1 2021年俄语教材出版一览表

课程类型	教材名称	主编	出版社	出版时间
专业核心课程	"东方"大学俄语（新版）3 学生用书	黄玫	外语教学与研究出版社	2021 年 6 月
	"东方"大学俄语（新版）4 学生用书	张朝意	外语教学与研究出版社	2021 年 6 月

(待续)

课程类型	教材名称	主编	出版社	出版时间
专业核心课程	俄语视听说基础教程 2	黄东晶	外语教学与研究出版社	2021 年 7 月
	俄语视听说教程 1 学生用书	邵楠希	上海外语教育出版社	2021 年 3 月
翻译学方向课程	俄汉—汉俄口译理论与技巧	杨　俊、朱达秋	外语教学与研究出版社	2021 年 7 月
	俄汉文体与翻译	安新奎	北京大学出版社	2021 年 4 月
	通用俄语口译教程	张鸿彦、陈胜男	北京大学出版社	2021 年 7 月
经贸俄语特色课程	经贸俄语（第 2 版）	孙淑芳	上海外语教育出版社	2021 年 6 月
	外贸俄语实践教程	张　洁、蒙曜登	武汉大学出版社	2021 年 1 月

5.2.2　俄语教材使用案例

在教材使用方面，2021年以来，线上与线下结合的混合教学模式更为普遍。调研显示，大部分学校目前正在使用或计划在未来使用数字课程，课程主要集中在基础俄语及俄语语法方向。在中国高校外语慕课平台上线的课程包括西安外国语大学的"乌拉俄语"、北京第二外国语学院的"基础俄语"、北京外国语大学的"零起点俄语"等。这些课程以《"东方"大学俄语(新版)学生用书》1—3册为依托，将知识性内容录制为讲解视频，有助于俄语教师将内容融入教学环节之中，配合课堂教学，以提升课堂效率和教学深度。

在教材建设落实课程思政方面，外研社在2021年9月发布针对《"东方"大学俄语(新版)学生用书》第1、3、5册教材的思政课件，选材多元，内容丰富，为高校俄语教学提供优质的思政教学素材，为教师在课堂上融入思政元素提供便利，帮助学生在获取语言知识的同时提高中国文化素养和思维品格。

高等学校多语言教材建设

5.2.3　俄语教材教师培训

2021年，高校俄语教师发展活动包含丰富多样的培训及赛事，满足了高校多语种教师发展的多元化、个性化需求。

培训包括线下、线上直播和录播等多种形式，主题多样，例如，2021年4月12日—29日，外研社举办针对《"东方"大学俄语(新版)》第4册的精读课教学法研修班；8月23日—9月9日，举办针对《"东方"大学俄语(新版)》第5、6册的精读课教学法研修班，致力于为参会教师提供共同探讨教学方法、提升教学能力的平台。此外，针对不同专业方向，外研社于2021年5月—11月举办了高校多语种教师科研能力提升研修班、高校多语种教师教学实践能力提升研修班等。

外研社还承办了包括俄语在内的外研社多语种"教学之星"大赛。大赛旨在提高教师将现代信息技术与教育教学深度融合的能力，鼓励参赛教师大胆探索教育新方法、充分挖掘教育新资源，深度融合课程创新与课程思政教育新路径，以促进自身教学能力的提升、教学手段的转变、教学模式的创新和教学效果的提升。在首届全国高校俄语课件大赛获奖名单中，来自新疆师范大学、新疆大学、华北水利水电大学等学校的参赛者荣获一等奖。

5.3　德语教材

5.3.1　德语教材出版概况

在德语教材建设方面，2021年，外研社依据《普通高等学校本科专业类教学质量国家标准》(以下简称《国标》)以及《教学指南》中的人才培养标准和课程设置要求，以"产出导向法"为理论指导，积极编写《新经典德语》系列教材，预计2022年出版。外教社出版了德语专业本科生教材《现代德语词汇学》，并修订出版《德语综合教程2》。

表5.2 2021年德语教材出版一览表

课程类型	教材名称	主编	出版社	出版时间
专业核心课程	新世纪高等学校德语专业本科生系列教材 德语综合教程2	黄克琴	上海外语教育出版社	2021年2月
语言学方向课程	新世纪高等学校德语专业本科生教材 现代德语词汇学	张 帆、卢铭君	上海外语教育出版社	2021年1月

5.3.2 德语教材使用案例

在高校德语专业高年级专业方向课程教材使用方面，中国海洋大学德语教学团队通过线上线下相结合的方式，探索德语语言学教学的新模式。高年级开设的德语语言学课程一般理论性较强，在课时有限的情况下，如果不进行新的教学方式探索，可能枯燥、难懂，难以达到课程教学要求。而基于慕课的混合式教学模式有助于打破"课上"与"课下"的界限，突破时间与空间的束缚。学生可以通过多次反复学习，重点巩固薄弱的知识点，达到理清脉络、加深记忆、学思结合的效果。中国海洋大学德语教学团队基于外研社《德语语言学教程（新版）》（第二版）制作了慕课课程《德语语言学导论》，并在中国高校外语慕课平台上线。截至2021年，《德语语言学导论》慕课已经开设至第八期，课程突出语言学理论对德语学习的指导作用，紧密结合德语学习实践，针对德语学习中的困难，为德语专业大学三年级学生提供了有效的学习策略和方法。

5.3.3 德语教材教师培训

2021年8月9日—12日，针对德语专业教师急需提升教学科研能力的需求，外研社组织了"高等院校德语教师学术素养提升研修班"。该研修班从跨文化与德国研究、跨文化媒体传播与国家形象研究、跨文化交际研究设计与方法、国别区域研究的内涵与方法、德国研究的选题与实施等方面，帮助德语教师提升学术研究能力，反哺教学实践，不断提高教学设计能力。

2021年10月15日—17日，为推动德语数字化教学实践与科学研究，教育部高等学校外国语言文学类专业教学指导委员会德语专业教学指导分委员会全国德语教师发展中心在浙江大学举办"2021全国德语教师发展研讨会"。研讨会主题为"德语数字化教学与研究"，采用线上线下相结合的形式，将数字技术应用于会议本身。来自中德两国、不同学科领域的嘉宾为参会教师创建了一个有时代高度、学术深度和人文温度的思想交流平台。

5.4　法语教材

5.4.1　法语教材出版概况

各高校与出版机构继续深入学习领会《国标》和《教学指南》，持续加大对本土原创教材的投入。在编写理念上，这些教材坚持立德树人、三全育人的根本方向。例如，外研社在《新经典法语》1-4册出齐的基础上，2021年推出了《新经典法语5》，满足高校本科专业三年级法语学习"提质增效"的需求，并将于2022年继续出版《新经典法语6》。除基础教材外，外研社也进一步完善本科高年级专业方向课程教材，出版《高级商务法语(学生用书)》。

在大学外语方面，各家出版社持续发力，出版新产品，完善体系建设。继2020年《新编大学法语2》出版后，2021年外研社出版《新编大学法语3》，初步完成这个套系的教材建设，并推出了配套的慕课，以响应"一精多会、一专多能"精神，积极推动线上线下混合式教学改革。高教社结合自身传统和优势，响应国家对于公共外语教学的最新需求，着重在公共外语教材板块发力，2021年出版了《新时代简明法语（入门）》，并将《新大学法语》修订重版，适应公共外语教学学时不断缩减的现状。华南理工大学出版社也加入大学法语的出版行列，于2021年出版《简明法语入门教程》。

随着"一带一路"倡议的推行，为响应国家法语人才建设的需求，同济大学出版社出版《"一带一路"法语国家概况》教材。这是国内第一本聚焦"一带一路"沿线法语国家的法语教材，也是法语学生了解"一带一路"沿线法语国家的基本知识读本。

表5.3 2021年法语教材出版一览表

课程类型	教材名称	主编	出版社	出版时间
专业核心课程	新经典法语5	杨晓敏、谈佳	外语教学与研究出版社	2021年9月
专业方向课程	高级商务法语（学生用书）	洪晖、[法]Jean-Luc Penfornis	外语教学与研究出版社	2021年9月
大学法语课程	简明法语入门教程	周皓、吴王姣	华南理工大学出版社	2021年8月
	新编大学法语3	萨日娜等	外语教学与研究出版社	2021年4月
	新时代简明法语（入门）	高魏婉	高等教育出版社	2021年3月
	新大学法语2（第三版）	柳利	高等教育出版社	2021年3月
	新大学法语1（第三版）教学参考书	刘洪东、周林飞	高等教育出版社	2021年1月
其他课程	"一带一路"法语国家概况	曲辰	同济大学出版社	2021年8月

5.4.2 法语教材使用案例

山东大学、上海交通大学、西安交通大学等多校教师依托《新大学法语1》(第三版)，联合推出《新大学法语》慕课，在中国大学慕课平台上线。北京外国语大学依托《新编大学法语》推出《大学法语》慕课，在中国高校外语慕课平台上线。学习者可配合教材进行自主学习，教师可利用慕课开展线上线下混合式教学。

5.4.3 法语教材教师培训

为了更好地传达教材编写理念、解决教师在实践中遇到的问题，外研社组织了形式多样的教材教学培训活动，为教材编者、实践者以及想要了解教材的教师们搭建了交流的平台。外研社在教育部高等学校外国语言文学类专业教学指导委员会法语专业教学指导分委员会和中国法语教学研究会的指导下，从2018年开始举办"高校法语专业基础阶段课程设计与教学方法"研讨会。2019年研讨会与宁波大学昂热学院合办，2020年研讨会因疫情原因转为线上会议，2021年研讨会再次回归线下，在苏州大学举办。研讨会邀请专家从政策层面和学术研究层面进行指导，邀请老中青教师交流教材使用心得，邀请一线教师进行备课、说课展示，帮助教师提升教学理论素养，增强教学设计和教学实践能力，从而全面提高高校法语教学质量，推动高校法语师资队伍建设。

2021年7月19日—23日，上海外国语大学联合新索邦大学举办第三期"法语外语教学理论与实践"暑期研修班，培训以"行动教学法与学习档案的理论与实践"为主题，旨在帮助中国法语教师结合中国学生特点，提高教学实践能力，同时为法语教师开启"法语外语教学"理论研究之门，引领教师将自身教学实践与教学理论有机结合，为其科学研究指明方向、奠定基础。

5.5 日语教材

5.5.1 日语教材出版概况

在日语专业教材方面，外研社根据《普通高等学校本科日语专业教学指南》的培养目标和能力要求，将出版策划重心向培养学生的"视听说""演讲与辩论"等能力上倾斜，策划出版了《新媒体日语视听说教程》。教材结合翻转课堂的教学模式，提供"听、说、读、写、视、演"多模态练习，旨在提高学生的语言视听说应用能力。同时对接《教学指南》，设计并组织编写了《日语演讲与辩论》，旨在培养学生运用日语在公开场合进行演讲和辩论的能力。为完善《新经典日本语》的教材体系，出版了《新经典日本语 阅读教程 第一册》，为使用《新经典日本语》系列教材的院校提供了更加丰富多元的教学资源支持；与此同时，同属此系列核心课程教材的《日语报刊选读》也完成出版，教材通过选用报刊类文章，系统地、有针对性地对学生进行阅读训练，适用于日语专业中高年级的"报刊选读"类课程。

外教社也响应《普通高等学校本科日语专业教学指南》精神，出版了《日语演讲与辩论》，并且在商务日语与跨文化交际方面重点发力，出版了《职场日语》《新时代商务日语 下册》《跨文化交际日本语言文化教程》和《跨文化交际理论与实训》。

在大学公共外语、第二外语的日语教材建设方面，外研社顺应时代发展趋势，放眼大学本科以及研究生公共外语、第二外语中的日语教材开发，出版了《新标准日语教程 第一册》，旨在帮助使用者掌握日语基础语法体系的全貌，打下比较坚实的语言基础，在语音结构和语法知识方面达到"新日语能力考试"N3级水平。该教材可供本科及研究生二外、公外、辅修等日语零起点学习者及自学者使用。

苏州大学出版社关注日语高考背景下的日语非零起点学习者，出版

《大学日语(第二版)第1册》,旨在使中学日语学习与大学公外、二外学习有效衔接。

表5.4 2021年日语教材出版一览表

课程类型	教材名称	主编	出版社	出版时间
专业核心课程	新媒体日语视听说教程	韩兰灵	外语教学与研究出版社	2021 年 1 月
	日语演讲与辩论	初相娟	上海外语教育出版社	2021 年 2 月
	新经典日本语 阅读教程 第一册	胡小春	外语教学与研究出版社	2021 年 3 月
	日语演讲与辩论	熊文莉、魏 然	外语教学与研究出版社	2021 年 4 月
	日语报刊选读	张元卉	外语教学与研究出版社	2021 年 4 月
商务日语方向课程	职场日语	张文碧	上海外语教育出版社	2021 年 5 月
	新时代商务日语 下册	赵平等	上海外语教育出版社	2021 年 1 月
国别与区域研究方向课程	跨文化交际日本语言文化教程	李 叶	上海外语教育出版社	2021 年 1 月
	跨文化交际理论与实训	王俊红	上海外语教育出版社	2021 年 5 月
公外、二外日语课程	新标准日语教程 第一册	冯峰等	外语教学与研究出版社	2021 年 10 月
	新时代大学日语系列教材 新时代大学日语 1 学生用书	周异夫	上海外语教育出版社	2021 年 12 月
	大学日语（第二版）第1册	王 磊、黄 周	苏州大学出版社	2021 年 7 月

5.5.2 日语教材使用案例

云南大学：基于精品教材的创新课程

云南大学外国语学院日语系以外研社《新经典日本语》系列教材为基础，积极建设日语基础创新课程，开展以教师为引导、以学生为中心、以任务为驱动、以培养学生综合素质能力为目标的形式多样的教学活动。

语言学习需要经过"输入—发现—理解—内化—统合—输出"的过程。云南大学日语系创新课程借助教材配套PPT与网络资源，给学生提供大量的语言输入。课前，通过发布自主学习任务与交互型学习任务，让学生利用线上线下学习资源自主学习并提出问题。课上，通过教师引导，让学生充分理解知识点并加以内化，实现对知识的统合后，以成果展示的方式进行语言输出，并以输出来检测内化程度，形成一个循环且螺旋向上的综合能力提高模式。同时，创新课程也在进行评价体系的改革探索，引入任务输出评价、学生自我评价以及电子档案袋评价等过程性评价方法，以期对学生的综合能力进行全方位的评价。创新课程还非常重视挖掘《新经典日本语》教材中的思政元素，将这些思政元素与课程知识点融合，并渗透到每一课的学习中，帮助学生树立正确的世界观、人生观和价值观，实现培养具有日语综合运用能力、思辨能力、跨文化交际能力、自主学习能力的复合型国际化人才的目标。

天津理工大学："道—法—术—器—衡"的教学设计

"初级综合日语"是天津理工大学管理学院(中日合作办学项目)的学科基础课程。该课程自2020年起采用《新经典日本语基础教程》，在保障语言知识体系的前提下，运用"道—法—术—器—衡"的教学设计思路，尝试重新构建教学框架和教学理念，重新分解教学目标。"以道定法""以法御术""以术择器""以器制衡"，再"以衡测器术""以衡正道法"，层层递进、环环相扣，形成一个完整、动态的教学过程闭环。

同时，课程采用线上线下混合式教学模式，在教学过程中借鉴

BOPPPS(导言—目标—前测—参与式学习—后测—总结)教学模型，通过五卡法、50音图平、片、音三位一体记忆法、课文流程图复述法等多种自制自创的教学方法实施教学活动。

此外，课程围绕理想成长、人文素养、职场精神、家国情怀四方面的德育主题，遵循大学生心智成长规律，兼顾系统性、贯穿性和从"小我"到"大我"到"忘我"的设计原则，实施日语课程与思政元素有机结合的教学探索。

本课程以学生为主体，充分利用教材和配套教学资源，通过趣引·思考、深入·精讲、知识·记忆、能力·应用、能力·挑战、提炼·浅出、德育·拓展等教学环节的推进，寓教于理、寓教于乐，达到德才并举、道术合一的育人效果。

5.5.3 日语教材教师培训

2021年8月23日—27日，北京外国语大学在教育部高等学校外国语言文学类专业教学指导委员会的指导下举办"日语演讲与辩论课程设计与教学实践研修班"。研修班依据《普通高等学校本科日语专业教学指南》精神，以外研社出版的《日语演讲与辩论》为依托，围绕"聚焦核心、助力实践的《日语演讲与辩论》""日语演讲与辩论课程的定位与实践""《日语演讲与辩论》课堂支架及教学实践""演讲中口头表达技巧的指导方法"等主题，通过专家解读的方式对日语演讲与辩论课程设计与实施提供全方位的指导，助力教师提高课程设计与教学实践能力。

为推动一线教师在专业课教学中更好地融入思政教育，2021年9月11日，外研社启动了首届"外研社杯"全国高校日语专业课程思政教学设计大赛。大赛收到来自全国不同高校106组参赛队伍的作品。参赛教师围绕《新经典日本语》教材设计思政教案，并录制授课视频。这次比赛一方面加深了一线教师对教材的理解，另一方面也促进了思政教育在一线课堂教学的落地。

5.6 西班牙语教材

5.6.1 西班牙语教材出版概况

在西班牙语教材出版方面，外研社基于《国标》提出的要求，结合高校西班牙语专业高年级的教学实际，策划出版了"新经典高等学校西班牙语专业高年级系列教材"。这套教材基本以西班牙语编写(翻译类除外)，包含六个板块：语言学(如语言学导论)、文学(如西班牙文学及拉丁美洲文学)、语言对象国文化(如西班牙文化及拉丁美洲文化)、翻译(如西译中、中译西及口译)、国际贸易、中国文化(如中国旅游与文化)。2021年出版了《拉丁美洲文学教程(文史篇)》《拉丁美洲文学教程(阅读篇)》《汉西翻译教程》《国际经贸教程》等，在一定程度上弥补了中国出版市场在高校西班牙语专业方向课程教材方面的不足。外教社出版了《西班牙语文学教程》《西班牙语语音教程》和《西班牙语专业毕业论文写作指导》。北京大学出版社出版了《西班牙语语言学教程》。

表5.5 2021年西班牙语教材出版一览表

课程类型	教材名称	主编	出版社	出版时间
专业核心课程	拉丁美洲文学教程(文史篇)	郑书九、周维	外语教学与研究出版社	2021年1月
	拉丁美洲文学教程(阅读篇)	郑书九	外语教学与研究出版社	2021年2月
	西班牙文学教程(阅读篇)	丁文林、杨玲	外语教学与研究出版社	2021年2月
	汉西翻译教程	李建忠、张珂	外语教学与研究出版社	2021年10月
	新编西班牙语口译教程	常世儒	外语教学与研究出版社	2021年12月
	西班牙语语音教程	沈怡	上海外语教育出版社	2021年7月
	西班牙语文学教程	[西]玛丽亚·安赫莱斯等	上海外语教育出版社	2021年7月

(待续)

(续表)

课程类型	教材名称	主编	出版社	出版时间
专业方向课程	国际经贸教程	李紫莹、王子刚	外语教学与研究出版社	2021 年 6 月
	西班牙语专业毕业论文写作指导	曹羽菲	上海外语教育出版社	2021 年 5 月
	西班牙语语言学教程	宋 扬	北京大学出版社	2021 年 7 月

5.6.2　西班牙语教材使用案例

在教学模式方面，随着混合式教学模式的推广应用，大部分学校目前正在使用或计划在未来使用数字课程，课程主要集中在基础西班牙语及西班牙语语法方向。在中国高校外语慕课平台上线的课程中，很多课程以《现代西班牙语》为依托，将知识性内容录制为讲解视频，如北京交通大学的"中级西班牙语"等。学习者可配合教材进行自主学习，也有越来越多的西班牙语教师将慕课内容融入课堂教学，以提升课堂教学效率和效果。

在课程思政方面，2021 年 12 月，教育部高等学校外国语言文学类专业教学指导委员会向各院校征集优秀思政教学案例，其中多所院校(外交学院、天津外国语大学、首都师范大学、吉林外国语大学等)依托《现代西班牙语》《拉丁美洲文学教程(阅读篇)》等教材设计了思政课件，选材丰富，为高校西班牙语教学提供优质的思政教学素材，也为教师在课堂上融入思政元素提供极大便利。同时，教师在教学中引导学生积极主动地深度思考自己对"责任"和"新时代使命"的理解，树立正确的世界观、人生观、价值观，培养爱国情怀、大局意识和中国梦想，将个人发展与社会发展、国家发展结合起来。

5.6.3　西班牙语教材教师培训

2021 年，外研社依托新出版的"新经典高等学校西班牙语专业高年级系列教材"，借助信息化手段创新教研形态，建立了"西班牙语虚拟教研室"。通过该线上平台，广大西班牙语教师可以不受时间、空间和地域限制，互联互通、共建共享。2021年上半年，"西班牙语虚拟教研室"成功举办三期活动，分别针对《语言学导论》《西班牙文学教程(阅读篇)》和《国际经贸教程》作教材介绍和教学经验分享，累计近3,300人次参与。2021年下半年，分别针对《汉西翻译教程》与《新编西班牙语口译教程》举办了两期"虚拟教研室"活动。

外教社于7月末针对西班牙语学科建设和教师发展组织了"全国高校多语课程思政建设：理论、实践与研究"高级研修班。其中，西班牙语论坛主要围绕"西班牙语专业课程思政建设探索与实践"和"课程思政的课堂教学设计"两个方面展开研讨，有助于推动高校多语言课程思政建设。

5.7　非通用语种教材

5.7.1　非通用语种教材出版概况

随着"一带一路"倡议的深入推进，非通用语种人才培养受到国家的重视，教材建设也面临新的规划。2018年4月，北京外国语大学与外研社共同策划了"北京外国语大学'新经典'高等院校非通用语种专业系列教材"建设项目，并纳入学校"十三五"教材建设规划中。2021年共出版5个语种的5本非通用语种教材：《新经典塞尔维亚语综合教程1》《新经典僧伽罗语基础语法》《新经典菲律宾语基础阅读教程》《(新经典)葡汉汉葡口译教程》《(新经典)拉丁语综合教程2课本》。

外研社针对本科院校的韩国(朝鲜)语专业学生策划出版了"新经典韩国语系列教材"。该系列包含精读教程、听说教程和读写教程三个子系列，每个子系列包含6本图书。2021年出版了《新经典韩国语精读教程3》，将思政教育融入语言教育中，注重对学生语言交际能力、跨文化交际能力、思辨能力和自主学习能力的培养。除了核心课程教材的建设外，外研社还出版了北京外国语大学"新经典"高等院校非通用语种专业系列教材《韩国语史入门》。2021年6月，外研社出版了《新世纪韩国语写作教程（高级）》，该教材将阅读与写作相结合，全方面、多角度地对韩国语写作理论与方法进行了讲解。

广东人民出版社出版了《初级韩国语（上）》《初级韩国语（下）》。世界图书出版社出版了"亚非语言文学国家级特色专业建设点系列教材"中的《哈萨克语基础阅读（2）》《基础吉尔吉斯语（3）》。重庆大学出版社也对国家级教学成果二等奖获奖项目系列教材中的《泰国国家概况》进行了全面修订。

表5.6 2021年非通用语种教材出版一览表

课程类型	教材名称	主编	出版社	出版时间
专业核心课程	新经典塞尔维亚语综合教程1	姚 杰	外语教学与研究出版社	2021年4月
	新经典僧伽罗语基础语法	佟加蒙	外语教学与研究出版社	2021年8月
	新经典菲律宾语基础阅读教程	霍 然、[菲律宾] Ariel A. Diccion	外语教学与研究出版社	2021年9月
	（新经典）葡汉汉葡口译教程	张方方、钟 点	外语教学与研究出版社	2021年11月
	（新经典）拉丁语综合教程2课本	[丹麦]汉斯·亨宁·奥尔博格、李 慧	外语教学与研究出版社	2021年12月
	新经典韩国语精读教程3	王 丹等	外语教学与研究出版社	2021年7月
	初级韩国语（上）（下）	全永根	广东人民出版社	2021年1月
	哈萨克语基础阅读（2）	张 辉、高 鑫	世界图书出版社	2021年1月
	基础吉尔吉斯语（3）	吴玉全	世界图书出版社	2021年4月

（待续）

（续表）

课程类型	教材名称	主编	出版社	出版时间
专业方向课程	新世纪韩国语写作教程（高级）	赵　华、[韩]金伦辰	外语教学与研究出版社	2021 年 7 月
	韩国语阅读教程：通过电视剧学习韩国语和韩国文化	金京善等	外语教学与研究出版社	2021 年 10 月
	韩汉实用翻译教程	金鹤哲等	上海外语教育出版社	2021 年 3 月

5.7.2　非通用语种教材使用案例

2021年，外研社与北外合作，依托《新经典韩国语》教材录制网络课程，并在中国高校外语慕课平台上线。学习者可以配合教材进行自主学习，教师可利用线上资源开展线上线下混合式教学。

12月，教育部职业院校外语类专业教学指导委员会向各院校征集优秀思政教学案例，其中多所院校依托《新经典韩国语》教材设计了思政课件，明确课程思政的教学方法和实现路径，将语言知识的学习及运用与语言文化交际相融合，帮助学生深入理解本国文化、朝鲜半岛文化与世界文化，提高对文化差异的敏感度和理解能力，包容不同的文化，尊重他国的文化与价值观，在拥有中国情怀的同时，具有国际视野与跨文化同理心，提高学生的跨文化交际能力。

5.7.3　非通用语种教材教师培训

2021年1月—4月，外研社针对为本科院校师生打造的"新经典韩国语系列教材"和"新世纪韩国语系列教材"，借助信息化手段创新教研形态，举办了四期"韩语虚拟教研室"，通过钉钉平台将全国的韩语教师聚集在一起，针对课程设计、新型教学法、线上线下混合式教学模式的探索与实践等进行教学研讨，受到了参与教师的广泛好评。

　　2021年7月3日，由教育部高等学校外国语言文学类专业教学指导委员会非通用语种类专业教学指导分委员会、中国韩国（朝鲜）语教育研究学会、北京外国语大学亚洲学院与外研社联合主办的"2021年新时代朝鲜（韩国）语教学改革与发展研讨会"在线上召开，研讨会围绕"一流课程"与教材建设、后疫情时代混合式教学模式的探索、课程思政与三全育人等主题进行交流，引导教师开拓教学思路，共享教学资源和教学经验，与国内外优秀韩国（朝鲜）语教师一起共同搭建优质的韩国（朝鲜）语教学交流平台。

　　针对非通用语种教材，外研社组织了"葡萄牙语虚拟教研室"活动，面向全国葡萄牙语专业教师，围绕商务、经贸和口译等主题进行教学研讨，为全国葡萄牙语教师搭建交流平台，助力葡萄牙语教学事业发展。

第六章 国际中文教材建设

2019年12月，第一届国际中文教育大会在长沙召开，正式使用"国际中文教育"这一术语，开启了国际中文教育体系构建的新时代。2020年6月，27家高校、企业和社会组织联合发起成立中国国际中文教育基金会，旨在通过支持世界范围内的中文教育项目，促进人文交流，增进国际理解。2020年7月，教育部设立中外语言交流合作中心，致力于为世界各国民众学习中文、了解中国提供优质服务，为中外语言交流合作、世界多元文化互学互鉴搭建友好协作的平台。

新冠肺炎疫情的爆发给国际中文教育行业带来冲击，中文教学模式随之发生巨大变化，但这并未改变世界各地学习和使用中文的人数持续增加、中国语言文化吸引力持续增强的大趋势。2021年6月，教育部、国家语委在北京发布2020年中国语言文字事业和语言生活状况，指出"截至2020年底，全球共有180多个国家和地区开展中文教育，70多个国家将中文纳入国民教育体系，外国正在学习中文的人数超过2,000万。自2021年1月25日起中文正式成为联合国世界旅游组织官方语言"。

符合新时代需求的国际中文教材的研发和出版受到高度重视和广泛关注。教育部中外语言合作交流中心于2020年启动"国际中文教育精品教材'1+2'工程"，致力于促进国际中文教育教材建设质量，满足海内外中文学习者学习需求；国家新闻出版署"经典中国国际出版工程"和"丝路书香工程"继续将"汉语教材"作为申报重点类别之一，2021年度重点聚焦"面向各国中小学阶段的中文和中华文化主干教材、辅助教材对外版权输出和翻译出版"。

6.1 国际中文教育相关政策

2021年3月11日，第十三届全国人民代表大会第四次会议表决通过了关于国民经济和社会发展第十四个五年规划和2035年远景目标纲要的决议，发布《中华人民共和国国民经济和社会发展第十四个五年规划和2035年远景目标纲要》(以下简称"《纲要》")。《纲要》明确提出要"传承弘扬中华优秀传统文化""提升中华文化影响力""建设高质量教育体系"，并要求"深入实施中华优秀传统文化传承发展工程，强化重要文化和自然遗产、非物质文化遗产系统性保护，推动中华优秀传统文化创造性转化、创新性发展""加强对外文化交流和多层次文明对话，创新推进国际传播，利用网上网下，讲好中国故事，传播好中国声音，促进民心相通""建设中文传播平台，构建中国语言文化全球传播体系和国际中文教育标准体系"。

2021年3月24日，经国家语委语言文字规范标准审定委员会审定，《国际中文教育中文水平等级标准》(GF0025-2021)(以下简称"《标准》")由教育部、国家语言文字工作委员会发布，作为国家语委语言文字规范自2021年7月1日起正式实施。《标准》适用于国际中文教育的学习、教学、测试与评估，为开展国际中文教育的各类学校、机构和企事业单位提供规范性参考。《标准》的发布，成为国际中文相关标准化、规范化语言考试的命题依据以及各种中文教学与学习创新型评价的基础性依据，也为世界各地国际中文教育的总体设计、教材编写、课堂教学和课程测试提供参考，还为"互联网+"时代国际中文教育的各种新模式、新平台的构建提供重要依据。

2021年5月31日，中共中央政治局就加强我国国际传播能力建设进行第三十次集体学习。中共中央总书记习近平在主持学习时强调，讲好中国故事，传播好中国声音，展示真实、立体、全面的中国，是加强我国国际传播能力建设的重要任务。要深刻认识新形势下加强和改进国际传播工作的重要性和必要性，下大气力加强国际传播能力建设，形成同我国综合国力和国际地位相匹配的国际话语权，为我国改革发展稳定营造有利外部舆论环境，为推动构建人类命运共同体作出积极贡献。

综上，国际中文教育从"粗放型"生长、繁荣的阶段逐步向系统、科学、规范的"内涵式"阶段发展，更加注重其顶层设计和标准制定，也更加关注其在提升中华文化国际影响力、促进国际交往交流、加强我国国际传播力建设方面的长远意义。

6.2 国际中文纸质教材出版概况

根据北京语言大学出版社、北京大学出版社、人民教育出版社、高等教育出版社、华语教学出版社、外语教学与研究出版社等主要出版机构提供的数据，2021年共出版国际中文教材约100种。其中，成人中文教材53种，儿童及青少年中文教材36种，中国文化与当代国情、专门用途方向教材共10余种。总体来看，呈现出主干教材先行、经典教材修订版本及多语种版本占比较大、低年龄段教材数量增加等特点。

6.2.1 关注基础教育，建设品牌教材

随着中文被纳入更多国家的国民教育体系，低龄段中文学习者人数近几年持续增加，少儿中文教材表现出较大市场潜力，被认为是国际中

文教材新的增长极。各出版机构纷纷在该领域开拓选题，加大投入，努力填补自身在低年龄段中文教材板块的空缺，完善全年龄段教材体系。2021年，外研社出版《加油！小学中文课本》第1册，该套教材充分考虑少儿中文学习者的身心及认知发展特点，以学生为中心，以活动为主线，突出交际性，借鉴任务式教学法，强调探究式学习和小组合作学习；利用拼图、歌谣、游戏、故事、手工等丰富多元的活动调动学生的积极性，强调在做中学。此外，外研社《七色龙汉语分级阅读》系列作为K~6阶段的新型中文教材的代表，在2021年推出更多新品种，进入越来越多的学校与课堂，其新颖的理念和丰富的配套资源受到普遍欢迎，逐渐形成认知度较高的品牌。人民教育出版社启动《标准中文》《跟我学汉语》等多个儿童及青少年方向经典品牌教材的修订改版和多语种改编，并于2021年出版多个品种。

6.2.2 贴近本土需求，优化国别教材

近些年来，"汉语热""中国语言文化热"被越来越多的人所关注。经过一个阶段的探索和沉淀，从业者对国际中文教育行业需求特点的认识也逐渐深入，透过"汉语热""总量大"等表层现象，逐渐了解到该方向的学习者总量虽不断增加，却呈现出人数分散、需求多元、受各国教育政策影响较大等特点。因此，各出版机构及教材编写者在国别化、地域化教材方面作出更多探索和尝试。外研社于2020—2021年陆续启动了多个国别化中文教材项目，其中《我爱汉语 泰国小学汉语课本》系列教材专为泰国小学生设计编写，充分考虑了对象国的教育体制、教学机制和教学特点，针对性强;《走遍中国》(西班牙语版)则面向西班牙语区成人学习者，及时改善了西班牙语区中文教材理念和内容相对陈旧的现状。北京语言大学出版社的《新概念汉语》、人民教育出版社的《跟我学汉语》等教材，也纷纷出版多语种版本。

6.2.3 依托经典教材，拓展智慧模式

作为原孔子学院总部/国家汉办规划、组织的重点项目，《长城汉语》系列是基于多媒体技术，运用网络多媒体课件与面对面教学相结合的多元混合教学方法，设计开发的一套简单、有趣、高效的中文教学资源。该系列资源于2005年推出，主要包括线下的图书产品和线上的多媒体学习系统(有单机版、局域网版、互联网版三个版本)，是最早将多媒体技术运用于中文教学的代表产品。该系列资源在海内外的中文课堂得到了广泛的应用，图书累计销售数十万册，"长城汉语模式"和"长城汉语内容"形成了具有广泛影响力和认可度的中文教学资源品牌。2021年，在收集学术界、用户以及市场各方反馈意见的基础上，长城汉语中心对《长城汉语 生存交际》教材进行改版，并由外研社出版了《长城汉语 生存交际》(第2版)，同时为适应新技术环境下的国际中文教学需求，《长城汉语》的产品形态从最初的单机版、局域网版、互联网版拓展至IPAD、手机等移动设备版，成为覆盖"教、学、管、测、评"的智能型服务性平台。《长城汉语 生存交际》作为《长城汉语》系列的第一阶段产品，其第二版的推出使《长城汉语》以崭新的面貌登场，继续服务全球范围内的国际中文教育教学。

6.2.4 基于原创理论，创新编写理念

北京外国语大学文秋芳教授带领的团队经过十多年打磨构建了产出导向法（Production-oriented approach，简称POA）语言教学理论与实践体系。POA作为一种本土化、原创性的教学方法，旨在解决语言学习中的学用分离问题，帮助学生更好地成段表达。英语教学界的实践证明，POA理据明确，教学过程操作性强，是一种行之有效的语言教学方法。虽然中文教学界一直强调"学以致用""急用先学"，但是长期以来重知识传授、轻语言使用的现象仍然存在。学用分离导致"学过的不少，学

会的不多"，学习效率不高。进入21世纪，海内外中文学习者的数量快速增长，但是学习者大都集中在初级阶段，能用中文进行高端贸易或学术交流的学习者数量不足。自2017年春季起，北京外国语大学中国语言文学学院国际中文教师团队在文秋芳教授的指导下，从教材、教法角度就POA的应用开展了多轮次的产出导向型汉语教学实验与理论探讨。从教学实验结果来看，POA确实能够系统性地解决学用分离和篇章表达能力薄弱的问题，从根本上提高中文教学的效率。基于实验结果，该团队启动编写《新时代汉语口语》系列教材，目前已出版一册。

6.3　国际中文数字教材出版概况

国际中文数字教材形态丰富，从大类上来说包括但不限于电子教材、网络课程、数字应用，每一类型可进一步细分为不同的子类型，如电子教材可分为静态媒体教材、多媒体教材、富媒体教材、智能化教材等不同形式，网络课程以慕课、微课、直播课为主，数字应用则包括各类网站、APP、小程序等。

6.3.1　电子教材

截至目前，可统计的海内外国际中文电子教材共计约3,700册，其中由中国开发的有1,700余册，海外本土开发的有1,900余册。在新冠肺炎疫情的背景下，全球国际中文数字教材需求增加，纸书出口业务遇到较大阻碍，"停课不停学"对传统教学模式提出了新的挑战，为此各出版机构纷纷在网络平台和数字应用上架付费电子教材服务，如北京语言大学出版社的官方网站（https://www.blcup.com）和官方APP"梧桐中文"、外研社的"外研社汉语教学资源网"（http://www.fltrp-clt.com）、华语教学出版社的"华教云图书馆"（https://virtual-library.sinolingua.com.cn/library）等。总体而言，数字中文教材仍处于静态媒体教材和多媒体教材的发展阶段，互动化和智能化程度还有待提升。

6.3.2　网络课程

截至目前，可统计的国际中文教育在线慕课课程共有480余门，主要来自国内外11个慕课平台，其中国内慕课平台以"中文联盟"为代表，国外慕课平台主要有Coursera、edX等；微课共计4,865节，主要来自行业微课大赛、数字教育平台、出版机构和自媒体等。"中文联盟"目前上线慕课200余门，内容涵盖中文学习、中文考试、中国文化与当代国情、教师发展、中文+职业教育等。此外，"全国研究生汉语教学微课大赛""汉语国际教育研究生教学微课大赛""全球华文教学微课大赛""全球志愿者中文教学微课比赛"等赛事均为行业积累了丰富、多元、立体的微课资源，为教学提供了多种形态的资源支持。

6.3.3　数字应用

截至目前，可统计的国际中文教学网站共有404个，APP应用共有334款，基本采用部分免费模式运营，为市场化运作与用户数量大幅提升提供了可能。"中文联盟"注册用户数达到210万，覆盖全球194个国家和地区；全球中文学习平台用户数达到200万，覆盖169个国家和地区；中文帮、庞帝智能中文学习平台、Level Chinese中文分级阅读平台等在平台开发、资源建设、用户运营等方面均作了有益的尝试。此外，国际中文数字应用智能化程度不断提高，如Aha Chinese汉语口语训练系统利用语音识别和语音评测技术，让学习者随时随地练习汉语口语成为可能。2021年，苹果应用商店APP Store推出"教身边的老外学汉语"主题栏目，收录Pleco、Scripts、Microsoft Learn Chinese、Learn

Chinese、ChineseSkill、HelloChinese、新华字典、诗词之美八款应用，中文学习日趋流行，出现了"破圈"的趋势。

表6.1 2021年国际中文教材出版一览表

课程类型	教材名称	主编	出版社	出版时间
成人中文教学课程	长城汉语（生存交际）(学生用书)（第2版）1-6	马箭飞、宋继华	外语教学与研究出版社	2021年6-7月
	实用汉语阅读教程 中级 上册	张美霞	北京语言大学出版社	2021年1月
	新实用汉语课本（第3版 英文注释）课本2	刘珣	北京语言大学出版社	2021年3月
	新实用汉语课本（第3版 英文注释）同步阅读2	刘珣	北京语言大学出版社	2021年6月
	乐读——国际中文阅读教学课本1-4	苏英霞	北京语言大学出版社	2021年4-11月
	预科汉语强化教程系列 综合课本6	王尧美、李安	北京语言大学出版社	2021年4月
	一言一行学中文 课本 上册	沈迈衡、李志仁、陈慧莹	北京语言大学出版社	2021年6月
	新概念汉语（阿拉伯语版）课本2-4	崔永华	北京语言大学出版社	2021年6月
	速成汉语基础教程 综合课本（第3版）1-6	杨惠元	北京语言大学出版社	2021年7-11月
	新闻直通车——高级汉语视听教程 上册 下册	于洁	北京语言大学出版社	2021年11月
	别见外——中高级汉语视听说教程I	陶家骏等	北京大学出版社	2021年10月
	汉语会话301句（俄文注释本）（第四版）上册 下册	康玉华、来思平	北京大学出版社	2021年11月
	汉语初级强化教程 综合课本II（第二版）	肖奚强、朱敏	北京大学出版社	2021年8月
	家有儿女 国际汉语视听说教程1（第二版）	刘立新、邓方	北京大学出版社	2021年8月
	博雅汉语 高级飞翔篇III（第2版）	李晓琪	北京大学出版社	2021年1月
	环球汉语——汉语和中国文化 学生用书2（西班牙语版）	任友梅、孟德儒	华语教学出版社	2021年9月
	118小时突破中级中文 课本 上册	苏立群	华语教学出版社	2021年5月
	60小时突破初级中文 课本 上册 下册	苏立群	华语教学出版社	2021年5月
	体验汉语基础教程（修订版）3	姜丽萍	高等教育出版社	2021年3月
	体验汉语口语教程 初级(第2版)1-4	陈作宏	高等教育出版社	2021年4-5月

（待续）

(续表)

课程类型	教材名称	主编	出版社	出版时间
儿童及青少年中文教学教程	七色龙汉语分级阅读第二级：自然	戴凯棋等	外语教学与研究出版社	2021 年 1 月
	七色龙汉语分级阅读第二级：交通	戴凯棋等	外语教学与研究出版社	2021 年 1 月
	七色龙汉语分级阅读第二级：服饰	戴凯棋等	外语教学与研究出版社	2021 年 1 月
	七色龙汉语分级阅读第二级：工作	戴凯棋等	外语教学与研究出版社	2021 年 10 月
	七色龙汉语分级阅读第二级：社区	戴凯棋等	外语教学与研究出版社	2021 年 10 月
	七色龙汉语分级阅读第三级：身体	戴凯棋等	外语教学与研究出版社	2021 年 1 月
	七色龙汉语分级阅读第三级：食物	戴凯棋等	外语教学与研究出版社	2021 年 1 月
	我的中文小书包（第一级）	陈 琦	外语教学与研究出版社	2021 年 1 月
	我的中文小书包（第二级）	陈 琦	外语教学与研究出版社	2021 年 6 月
	我的中文小书包（第三级）	陈 琦	外语教学与研究出版社	2021 年 6 月
	我的中文小书包（第四级）	陈 琦	外语教学与研究出版社	2021 年 1 月
	我的中文小书包（第五级）	陈 琦	外语教学与研究出版社	2021 年 9 月
	加油！小学中文课本 1	王 巍	外语教学与研究出版社	2021 年 3 月
	轻松学中文（第二版）（英文版）课本 2-3	马亚敏、李欣颖	北京语言大学出版社	2021 年 1-5 月
	芳草汉语·灵系列 拼音册	《芳草汉语》编委会	北京语言大学出版社	2021 年 3 月
	芳草汉语·灵系列 阅读册	《芳草汉语》编委会	北京语言大学出版社	2021 年 5 月
	跟我学汉语（第二版）学生用书 3（吉尔吉斯语版）	陈绂等	人民教育出版社	2021 年 1 月
	跟我学汉语 学生用书 4（荷兰语版）	陈绂等	人民教育出版社	2021 年 1 月
	跟我学汉语 学生用书 3（土耳其语版）	陈绂等	人民教育出版社	2021 年 1 月
	跟我学汉语（第二版）学生用书（韩国语版）3-4	陈绂等	人民教育出版社	2021 年 7 月
	跟我学汉语 学生用书（阿拉伯语版）2-3	陈绂等	人民教育出版社	2021 年 10 月

（待续）

国际中文教材建设

(续表)

课程类型	教材名称	主编	出版社	出版时间
儿童及青少年中文教学教程	我能自己阅读 IB-PYP 探究分级读物 1 级（套装）	王海燕	华语教学出版社	2021 年 9 月
	我能自己阅读 IB-PYP 探究分级读物 2 级（套装）	王海燕	华语教学出版社	2021 年 9 月
	魅力华文 课本（三年级 上册）	《魅力华文》系列教材编委会	华语教学出版社	2021 年 1 月
	IB MYP 中文语言习得阅读训练	冯薇薇等	华语教学出版社	2021 年 1 月
	芳芳菲菲 汉字王国奇遇记 导学手册 1	北京市朝阳区芳草地国际学校	高等教育出版社	2021 年 10 月
中国文化与当代国情中文教学课程	你好，中国（克罗地亚语版）	中央广播电视总台	高等教育出版社	2021 年 1 月
	这就是中国 中国日常文化（中英对照）	莫旭强等	外语教学与研究出版社	2021 年 1 月
	国际汉语教学主题案例：二十四节气	樊 燕	北京大学出版社	2021 年 3 月
	中国现代文学经典导读	李 丽	北京大学出版社	2022 年 1 月
	中国民俗与民间艺术	[美] 王双双	北京大学出版社	2021 年 6 月
	汉字文化导论	刘元春	北京大学出版社	2021 年 8 月
	中国文化概况（中文版）	毛海莹、刘恒武	高等教育出版社	2021 年 10 月
	文化密码——中国文化教程 1-2	于小植	高等教育出版社	2021 年 10 月
专门用途中文教学课程	卓越汉语 商务写作 下册	周 红	外语教学与研究出版社	2021 年 1 月
	韩汉翻译高级快车	[韩] 黄兰雅、于 淼	北京语言大学出版社	2021 年 3 月

6.4 国际中文教材使用案例

6.4.1 《学在中国》：东北师范大学短期强化中文教学模式

为满足预科教育短期强化的教学目标，东北师范大学使用《学在中国》汉语强化系列教材，以输出为目标，主张大量集中的语言输入，在短时间内实现教学效率最大化。授课过程中，教师通过直观法、语素推测法、设置情景法、讲练结合法、以旧释新法等多种教学法进行语言知识的讲授，使用贴近学生实际生活的真实材料进行语言点分析，提供高质量的可理解性输入；同时设置充足的语言知识练习，实现强化和扩展的教学功能，对生词及语言点进行有针对性的复练；课后要求学生规范输出，及时巩固。依托《学在中国》系列教材所构建的中文强化教学模式，不仅可以提高单位时间的教学效率，还可以较大程度地调动学生的学习自主性，提高学生自学能力。

6.4.2 《长城汉语》：北京外国语大学"大小课"教学模式

《长城汉语》以培养学习者的中文交际能力为主要目标，利用学生用书、练习册、智慧云平台等多元资源，向学习者提供个性化的学习方案。北京外国语大学以教材和平台为依托，探索出了"大小课"教学模式。该教学模式适合学期制综合课，采用"主讲+副练"的形式，主讲每单元3—4课时，每周12课时；副练每单元2课时，每周6课时。讲、练环节实现有机结合，全面提高学生的听、说、读、写能力。主讲主要包括语音教学、生词教学、课文朗读与理解、语法讲练、组织活动和任务等教学环节，侧重听、说、读，不强调写；副练主要包括课文练习与复述、口语练习、汉字教学、民俗文化等教学环节，侧重口语练习、汉字认读和书写。

6.4.3 Aha Chinese：中国医科大学线上口语训练

受全球疫情影响，中国医科大学的大部分留学生分散在世界各地，只能在线上进行相关课程的学习。对于中文课程，除了需要教师讲解外，还需要大量练习和师生互动，再加上受时差、网络等因素影响，线上教学模式为汉语课堂带来了巨大的挑战。为此，中国医科大学引进了Aha Chinese汉语口语训练系统作为补充，以满足语言教学中的口语训练需求。

Aha Chinese官方课程包括日常生活类、系列教材类、HSK考试类等；难度等级包括入门、进阶、中级、高级和专家级别，学生可以根据自身水平和需求任意选择训练项目。软件中还有针对性地配备了中国医科大学目前正在使用的《学在中国》系列教材中的生词、句子、课文和语言点的朗读训练，弥补了线上课程在师生互动和口语训练方面的不足。此外，Aha Chinese课程内容还涵盖了HSK1-6级的全部词汇，学生可以用手机随时随地轻松背单词，为预科生快速提高HSK成绩打牢基础。

在Aha Chinese汉语口语训练系统的辅助下，学生们的口语训练跨越了时空限制，无论学生在哪里都能随时练习汉语口语，学生普遍反映该软件非常有利于提高口语能力，通关挑战模式也让他们在完成练习后很有成就感。对教师而言，借助该款软件可以将学生大量的口语练习放在课外，同时还能通过练习时长、机评得分和口语练习录音等随时审查学生的口语训练情况。学生们也非常喜欢使用这款软件，学习热情很高，对于生活在网络时代的学生来说，这样的学习方式为他们提供了很多便利。

6.4.4 《七色龙汉语分级阅读》：香港德瑞国际学校的混合式中文课堂

面向少儿学习者的国际中文教材在内容和形式上与成人中文教材有较大差异，各出版机构也多有创新，以《酷熊猫》和《七色龙汉语分级阅读》为代表的新型资源型立体化教材因其趣味性和灵活性受到欢迎，并得到广泛应用。香港德瑞国际学校将《七色龙汉语分级阅读》系列资源全面应用于中文课堂，寓教于乐，取得了很好的教学效果。具体教学模式为，每个主题设计4课时的学习时间，每个课时45分钟，各课时的学习安排如下：

课时1：通过"七色龙图卡"进行词汇学习，然后由教师带领学生阅读"七色龙主题故事"（相当于课文内容）；

课时2：利用"七色龙游戏活动指导""七色龙练习纸"等资源组织课堂活动和游戏，开展针对重点内容的练习；

课时3：使用七色龙互动PPT、视频故事，进一步巩固图书内容的学习；

课时4：学生分组完成七色龙APP中的游戏化练习内容，再通过七色龙评估方案对学生学习成效进行评估并归档。

《七色龙汉语分级阅读》提供多于单位教学时间所需的内容，例如，一堂课所需的主题故事为1—2册，而该教材每个主题提供5册故事，目的是实现"情景切入＋螺旋推进"的学习方式，学生在内容难度的螺旋递进中温故知新，中文语言能力能够稳步提高。同时伴随着书中同龄的人物形象和连续的故事发展，学生的中文学习兴趣也有所增强。互动PPT、游戏化APP、评估纸等多样化学习挑战的完成也带给学生学习中文的成就感。

6.5 国际中文教材教师培训

6.5.1 教学法创新：基于理论创新的教学实践创新

2021年5月15日，由外研社、麦克米伦教育与牛津布鲁克斯大学孔子学院联合主办，《国际中文教育(中英文)》期刊承办，世界汉语教学学会提供学术支持的"新时代背景下的国际中文教学：教学法创新与教学质量提升"学术研讨会在线上成功举办。来自中国、英国、美国、马来西亚、法国等20多个国家和地区的专家、学者、教师近1,500人参与此次研讨会。研讨会围绕"教学法创新与实践"和"课程设计与教学质量提升"两大主题，就国际中文教育领域的创新理念、创新教法、创新资源和教学案例展开研讨。研讨会后又围绕产出导向法、任务型教学法等主题组织了教学工作坊，结合《新时代汉语口语》《走遍中国》等教材，有针对性地帮助国际中文教师深入了解相关教学理念，掌握有效教学方法，促进国际中文教学法创新与教学质量提升。

6.5.2 从理念到方法：理解教材编写理念，促进教材高效使用

为帮助教师更好地理解教材设计和编写理念，促进教材的高效使用，外研社于2021年4月围绕《我爱汉语 泰国小学汉语课本》录制了"泰国小学中文教学系列培训课程"，面向泰国小学本土中文教师，从教材整体设计、课程设计、语音教学设计、汉字教学设计、教学资源应用等方面，全面介绍了《我爱汉语》系列教材的编写理念，帮助泰国小学本土中文教师理解教材和资源，掌握高效方法和实用技巧，提升教学素养。该次研修开启了外研社面向泰国地区的中文教师进行培训的先河，同时促进了泰国中文师资跨地区的交流与分享，培养和发掘优秀师资，带动国际中文教育在泰国的良性循环与发展。

6.5.3 创造性使用教材：中文教材的选择与应用

2021年3—5月，中国华文教育基金会面向广大海外中文教师，邀请出版机构资深编辑与教学一线的资深教师围绕教材选择与使用开展了一系列线上培训。培训介绍了人民教育出版社《语文》《标准中文》、暨南大学出版社《中文》、北京语言大学出版社《轻松学中文》、外语教学与研究出版社《加油！小学中文课本》、高等教育出版社《YCT标准教程》等教材的出版情况，对比了这些教材在教学与课程设计理念、培养目标，以及对语音、汉字、词汇、文本选择、评估方式等处理原则的异同。培训中提出海外教师需要根据学生的水平和学习目标综合运用各种教学资源，调动多种教学策略和方法，在更好地理解和认识教材的基础上，实现"用教材教"而不是"教教材"，以促成学生的高效学习、有意义的学习和探究式学习。

第七章 外语教材研究

教材研究对教材建设与使用起到关键作用，能有力推动教材编写理念创新与使用模式改革。《教育部教材局2021年工作要点》指出，要强化教材基础研究支撑，聚焦教材建设重点、难点和紧迫问题开展深入研究，推出一批高水平研究成果，为教材建设提供高质量研究服务。教育部办公厅在《关于组织申报第二批国家教材建设重点研究基地的通知》中强调，要围绕教材建设，系统开展基础理论、发展战略、实践应用、国际比较等研究，引导教材改革方向，服务教材编修工作，增强育人功能。外语教材研究对于健全外语教材建设支撑体系，提高外语教材质量水平具有重要作用。本章从期刊论文、科研项目和会议交流三方面梳理2021年外语教材研究相关成果。

7.1 期刊论文

编写组在中国知网上对2021年发表的学术期刊文章进行检索，期刊来源类别为外国语言类CSSCI来源期刊或北大中文核心期刊，共得到外语教材研究期刊文章25篇。研究对象的语种包括英语（22篇）、日语（1篇）、德语（1篇）、非通用语（1篇）。教材类型包括大学英语教材（15篇）、专门用途英语教材（3篇）、英语专业教材（2篇）、学术英语教材（1篇）、日语语音教材（1篇）、德语精读教材（1篇）、非通用语专业教材（1篇）、外语教材（1篇）。来源期刊包括《外语教育研究前沿》（7篇）、《中国外语》（5篇）、《外语界》（4篇）、《当代外语研究》（3篇）、《外语研究》（2篇）、《外语教学》（1篇）、《外语与外语教学》（1篇）、《山东外语教学》（1篇）、《日语学习与研究》（1篇）。以下分别从研究主题、研究方法和研究视角三个方面归纳这些文章的主要特点。

7.1.1 落实立德树人，服务国家人才培养需求

从研究主题的内容来看，25篇文章中有9篇从立德树人视角探讨外语教材建设，尤其是课程思政在教材编写中的融入、中华文化在教材内容中的体现等；有两篇从服务国家语言安全规划和"一带一路"倡议视角探讨外语教材建设路径和非通用语教材建设的问题与对策。可以看出，如何在教材建设中落实立德树人根本任务，学习和传播中国文化，服务国家发展战略和人才培养需求是教材研究的热点话题。

关于研究主题的类别，Tomlinson（2012）[1]认为，教材建设是个广义的概念，作为实践活动，包含教材出版、评价和使用改编；作为研究领域，涵盖教材设计、编写、使用、分析和评价。在25篇文章中，教材编写类主题的文章12篇，教材分析5篇，教材使用3篇，教材评价1篇，其余4篇涉及不同研究主题的交叉融合。其中，教材编写类主题的文章数量约占总数的一半，主要议题包括教材编写的原则、大纲、目标、选材、活动设计、问题与建议等。可见，教材编写主题占主导地位。但此类文章多是经验总结与探讨，很少涉及教材编写理论的建构与应用。此外，教材使用与教材评价研究数量较少，只有3篇通过实证研究考察了外语教材

[1] Tomlinson, B. Materials development for language learning and teaching [J]. *Language Teaching*, 2012 (2): 143-179.

使用现状与问题、体验与效果，1篇从难度量化分析角度构建了教材评价模型。可见，从教师和学生视角考察外语教材实际使用的研究仍然匮乏，外语教材的评价体系和指标有待完善。教材研究在主题上"重经验、轻理论""重编写、轻评估"（张雪梅 2019）[1]的问题依然凸显。

7.1.2 研究方法多元，丰富教材研究的多样性

25篇文章包含11篇实证研究，这些实证研究体现出研究方法多元的特点。例如，张虹、李会钦、何晓燕（2021a，b）采用大规模问卷调查，从教师视角分析了高校英语教材使用现状、影响因素和存在的问题；唐美华（2021），王艳伟（2021），单宇、何苗（2021）采用语料库方法分别分析了教材词汇复杂度、文本易读度和内容难度等级；刘传江、焦培慧（2021）采用隐喻分析法调查了学生使用一套医学英语教材的体验情况；杨港、彭楠（2021）采用自传式叙事研究方法，总结了对编写、使用和研究教材的思考，讨论了影响教师使用教材的因素。外语教材实证研究中多元研究方法的使用有助于拓展教材研究的视角和思路，丰富教材研究的多样性，同时有助于不同种类数据之间的三角验证，促进研究成果的交流互鉴。

7.1.3 研究视角融合，提升教材研究的系统性

从研究视角来看，25篇文章中有4篇体现了教材研究的融合视角，即从一个角度切入，探讨教材编写、使用、研究等不同方面。例如，王立非、任杰（2021）分析了新中国70年商务英语教材建设与研究的现状，有助于读者更全面地了解教材建设与教材研究之间的联系。张文红、王莹（2021）从教师同时作为教材编写者和使用者的视角，阐述了教材设计理念

---

[1] 张雪梅 . 新时代高校英语教材建设的思考 [J]. 《外语界》，2019 (6): 88-93.

与使用效果，并将两者相结合，探讨了教材编写与使用相互促进的过程。教材编写、使用与研究是相互联系、相互作用的，只有将"编者、使用者(教师和学生)以及研究者的视角相融合"(Graves 2019)[1]，才能提升教材研究的系统性，从而从整体上协同促进高质量教材体系建设与发展。

　　总体而言，2021年外语教材研究注重落实立德树人根本任务，从教材编写、使用、评估等不同维度对外语教材建设中的理论和实践问题展开研究，采用多元研究方法和融合研究视角，提升教材研究的多样性和系统性，研究发现为教材建设提供了有力支撑。此外，部分期刊(如《外语教育研究前沿》《中国外语》《外语界》)等组织了教材研究专栏，促进了系统性教材研究成果的产出。今后还应加强对中国特色外语教材编写理论的构建与应用研究、多语言教材建设研究、数字化外语教材建设与使用研究等，为构建中国特色外语教材体系、推动中外学术互鉴、促进外语教育数字化发展作出更大贡献。

7.2　科研项目

　　2021年，获得国家社科基金项目的外语教材研究项目有三项，分别是：世界主要国家中小学外语教材文化呈现比较研究(张虹，北京外国语大学)、朝鲜半岛日据时期汉语教材收集整理与数据库建设研究(张进凯，兴义民族师范学院)、新加坡华语文教科书中的中国形象话语建构与演变研究(张灵芝，厦门大学)。获得教育部人文社会科学基金项目的外语教材研究项目有三项，分别是：国际汉语教材中国国家形象的话语建构研究(董于雯，集美大学)、民国中小学英语教科书中华优秀传统文化研究

---

[1]　Graves, K. Recent books on language materials development and analysis [J]. *ELT Journal*, 2019 (3): 337-354.

(张迎春，浙江外国语学院)、中小学统编数字化教材质量评价指标体系研究(陈淑清，长春师范大学)。从研究主题看，主要聚焦教材中的文化呈现、教材中的中国形象话语建构和数字化教材评价指标体系。从研究对象看，国际汉语教材和国外使用的汉语教材占一半。这体现出教材的意识形态研究越来越受关注，汉语教材对于提升中国国际话语权和国际传播的重要作用受到重视。

高校外语教材研究机构在2021年继续发布教材研究专项课题，以推动全国外语教材研究，促进成果交流。2021年3月，北京外国语大学中国外语教材研究中心发布2021年度"中国外语教材研究专项课题"，鼓励研究者秉持教材育人的根本宗旨，从立德树人与课程思政视角出发，结合新形势下中国外语教育改革与创新要求，围绕教材建设制度规范的贯彻落实和教材建设过程中的编写、使用、评价等各环节进行研究，探讨教材促学促教的有效路径，产出高水平研究成果，为我国大中小学外语课程改革、教学创新与教师发展提供有力支撑。该年度课题包括三类委托课题：外语教材政策研究、外语教材评价标准研究、外语教材编写模式研究，两类自主申报课题：外语教材分析研究、外语教材使用研究。经过严格评审，从全国近百份课题申请中确定30项中标课题，并于8月召开立项实施研讨会。上海外国语大学外语教材研究院于2021年3月发布"2021年外语教材研究项目"申报指南。该项目课题聚焦各层级、各语种外语教材理论、外语教材建设及外语教材应用研究，设重点项目、一般项目和青年项目。课题方向包括新时代课程思政融入外语教材创新研究、外语教材理论研究、混合式教材建设研究、外语教材研究与教师发展、基于语料库的大学英语教材研究、职业外语教材的建设与发展和新文科视域下日语专业通识教育教材设计。9月发布评审结果，确定23项中标课题，并召开立项发布会。

无论是国家层面还是高校层面，外语教材研究相关的科研项目日益受到重视，这有助于提升全国外语教材研究的规划性、系统性和科学性。

7.3 会议交流

2021年，全国举办了多场关于外语教材建设与研究的学术会议和论坛，围绕新时代外语教材建设发展方向、实施路径等进行交流与研讨。

3月19日，北京外国语大学中国外语教材研究中心2021年工作会议在北京召开，就中心成立以来取得的工作成果及未来发展规划展开深入交流与探讨。与会专家对中心的发展提出宝贵建议，为中心在新时代外语教材建设中更好地发挥引领、指导和服务功能提供了重要启示。3月20日，在第五届全国高等学校外语教育改革与发展高端论坛期间举办的"教材建设论坛：新形势、新定位、新探索"在北京召开，12位专题发言人与1万多名线上参与者分享了教材建设和课程建设与实践中的经验与反思，为今后的教材研究带来了新的视野、新的思考和新的动力，也为未来研究方向带来新的启示。

5月7日，北京外国语大学首届教材工作会议暨加强新时代高校教材建设圆桌论坛在北京举行。会议推出了北京外国语大学关于加强新时代教材建设的十大举措，印发《北京外国语大学教材管理办法（试行）》《北京外国语大学教材立项项目管理办法（试行）》《北京外国语大学资助教材出版管理办法（试行）》《北京外国语大学教材奖励办法（试行）》等四个制度文件。当天下午举行了加强新时代教材建设圆桌论坛，国内高校教材工作部门负责同志和教师代表围绕推动习近平新时代中国特色社会主义思想进课程教材，落实"凡编必审""凡选必审"，做好马工程重点教材统一使用工作，打造培根铸魂、启智增慧的系列精品教材，完善教材建设激励保障机制，加强教材研究等内容进行深入研讨和经验交流。5月21日—22日，第二届外语专业教材建设专题研讨会在河南师范大学举行，与会专家围绕外语学科和新文科视野中的外语专业教材建设、新时代外语专业人才培养与教材建设、外语专业课程及课程体系建设中的教材建设、课程思政与外语专业教材建设、外语专业教材编写与评价理论研究、外语专业教材教法研究等六个议题展开广泛研讨交流，共商教材建设大业。

　　7月14日，上海外国语大学外语教材研究院年中工作会议在上海举办。会议向与会专家汇报了教材研究院在教材建设与研究方面的工作，与会专家为研究院的发展提出意见和建议，以进一步优化工作目标，提升工作成效，创出工作业绩。7月19日—21日，2021年全国外语专业教材建设与教学改革研讨会在内蒙古师范大学举办，该次会议从一流专业建设、课程思政建设、英语课程改革、课堂教学模式及外语教材建设等角度探讨外语专业学科改革和外语专业教材建设。7月29日—31日，新时代外语课程建设与教材研究研讨会在哈尔滨举办，围绕国际化外语人才培养、一流外语专业建设、外语课程建设、外语高水平教材建设、外语教学改革与创新、外语课程思政建设等议题，共商新时代外语课程建设与教材研究大计。

　　10月16日，在"2021中国英语教学研讨会"期间，北京外国语大学中国外语教材研究中心主任孙有中教授作了题为"大学英语如何课程思政：跨文化思辨育人"主旨报告，组织开展了"外语教材中的文化呈现与教材使用中的教师认知研究"专题研讨，与参会者交流中心外语教材研究成果，对不同学段、不同课程的外语教材建设进行探讨。

　　与2020年相比，外语教材建设相关的全国性学术会议和论坛显著增多，推动了外语教材建设相关的跨地区、跨学校、跨学科交流，为提升外语教材建设质量、推动外语教育高质量发展起到重要作用。

附录1：2021年中国外语教材发展大事记

时间	事项
1 月 8 日	教育部印发《革命传统进中小学课程教材指南》《中华优秀传统文化进中小学课程教材指南》
1 月 20 日	教育部等五部门发布《关于大力加强中小学线上教育教学资源建设与应用的意见》
2 月 26 日	教育部教材局发布《教育部教材局 2021 年工作要点》
3 月 19 日	北京外国语大学中国外语教材研究中心召开 2021 年工作会议
	上海外国语大学外语教材研究院发布"2021 年外语教材研究项目"申报指南
3 月 22 日	北京外国语大学中国外语教材研究中心发布"2021 年度中国外语教材研究专项课题"招标启事
3 月 23 日	教育部印发《高等职业教育专科英语课程标准（2021 年版）》
4 月 7 日	教育部办公厅发布《关于印发 2021 年中小学教学用书目录的通知》
4 月 9 日	《2020 年中国外语教材发展报告》发布
5 月 7 日	北京外国语大学召开首届教材工作会议
5 月 26 日	上海外国语大学成立教材工作处
7 月 14 日	上海外国语大学外语教材研究院召开 2021 年中工作会议
7 月 21 日	国家教材委员会印发《习近平新时代中国特色社会主义思想进课程教材指南》
7 月 26 日	教育部办公厅印发《关于做好中等职业学校公共基础课程教材使用的通知》
8 月 25 日	教育部办公厅印发《中小学生校外培训材料管理办法（试行）》
8 月 26 日	北京外国语大学中国外语教材研究中心召开"2021 年度中国外语教材研究专项课题"立项实施研讨会
9 月 11 日	上海外国语大学外语教材研究院召开"2021 年外语教材研究项目"立项发布会
9 月 26 日	国家教材委员会发布《关于首届全国教材建设奖奖励的决定》
	国家教材委员会印发《"党的领导"相关内容进大中小学课程教材指南》
10 月 26 日	教育部印发《生命安全与健康教育进中小学课程教材指南》
11 月 5 日	教育部办公厅发布《关于组织申报第二批国家教材建设重点研究基地的通知》
12 月 3 日	教育部办公厅印发《"十四五"职业教育规划教材建设实施方案》
	教育部办公厅发布关于组织开展"十四五"首批职业教育国家规划教材遴选工作的通知

附录2：2021年外语类CSSCI期刊和北大核心期刊外语教材研究文章

作者	文章名	期刊名
杨 港、彭 楠	数字时代高校外语教材研究的自传式叙事范式	当代外语研究
徐锦芬、刘文波	国家安全视域下外语教材建设的内涵与路径	当代外语研究
单 宇、何 苗	科技翻译教材评价模型与难度量化分析	当代外语研究
魏 维	清末日语教材中的语音教学情况考略	日语学习与研究
程晓堂、赵笑飞	外语专业语言类教材编写的问题与建议	山东外语教学
张 虹、李会钦、何晓燕	高校英语教材使用及其影响因素调查研究	外语教学
顾 敏、邹为诚	英语作为外语（EFL）教材本地化过程中的问题与研究	外语教育研究前沿
唐美华、梁茂成	大学英语教材词汇复杂度级差分析	外语教育研究前沿
郑 峻	《指南》视域下高校德语精读教材的思政功能：基于语料库的分析	外语教育研究前沿
王立非、任 杰	新中国70年商务英语教材发展和研究现状分析（1949—2019）	外语教育研究前沿
史兴松、万文菁	中外商务英语教材跨文化元素对比分析	外语教育研究前沿
刘传江、焦培慧	基于隐喻分析的ESP教材使用体验研究	外语教育研究前沿
苏莹莹、董希骁	我国高校非通用语种专业教材建设的问题与对策	外语教育研究前沿
徐锦芬	高校英语课程教学素材的思政内容建设研究	外语界
刘正光、钟玲俐、任远	落实新《指南》，对接"立德树人"新需求——"新目标大学英语"《综合教程》修订的理念与特色	外语界
刘文波、徐锦芬、张卫东	增శ్语言能力强思辨素养塑良好品格——"新目标大学英语"《视听说教程》修订的理念与特色	外语界
李荫华	大学英语教材编写回眸：实践与探索	外语界
张文红、王 莹	思辨能力培养与EAP教学的融合——《学术思辨英语》教材的设计理念与使用效果浅析	外语研究
王艳伟	专业英语教材与测试阅读文本易读度比较研究	外语研究
张 虹、李会钦、何晓燕	我国高校本科英语教材存在的问题调查	外语与外语教学
王守仁	论"明明德"于外语课程——兼谈《新时代明德大学英语》教材编写	中国外语
肖 琼、黄国文	《新时代明德大学英语》的多元大纲和潜在的教学法	中国外语
刘正光、许 哲、何 岚	"立德树人"与大学英语教材开发的原则与方法——以《新时代明德大学英语综合教程1》为例	中国外语
张敬源、王 娜	基于价值塑造的外语课程思政教学任务设计——以《新时代明德大学英语综合教程2》为例	中国外语
李秀英等	新时代大学英语课程思政："明德"与"思辨"——以《新时代明德大学英语综合教程3》为例	中国外语